Alexander Pauly

Zeitmanagement

CRASHKURS!

D1732160

Verlagsredaktion:
Ralf Boden
Layout und technische Umsetzung:
Verena Hinze, Essen
Umschlaggestaltung:
Gabriele Matzenauer, Berlin
Titelfoto:
© gettyimages

Informationen über Cornelsen Fachbücher und Zusatzangebote:
www.cornelsen.de/berufskompetenz

1. Auflage

© 2011 Cornelsen Verlag Scriptor GmbH & Co. KG, Berlin

Druck:
Druckhaus Thomas Müntzer, Bad Langensalza

ISBN:
978-3-589-23851-4

 Inhalt gedruckt auf säurefreiem Papier aus nachhaltiger Forstwirtschaft.

Inhalt

5 Zeitmanagement durch Kommunikation – Wie Sie Ihre Erwartungen kommunizieren

Zeit ist, was wir daraus machen

Woran liegt es eigentlich, dass überall Zeit gespart wird und trotzdem alle Welt Stress leidet? Es mag etwas daran sein, dass unsere Welt, speziell unsere Arbeitswelt, sich immer schneller bewegt und uns immer mehr abverlangt. Damit Wirtschaft wachsen kann, muss die Produktivität steigen. Im Klartext: Weniger Menschen müssen dasselbe leisten oder dieselben Menschen müssen mehr schaffen. Unternehmen versuchen das zu organisieren. Oft sind es dann aber die Menschen, die ihr Möglichstes und manchmal mehr geben, indem sie Grenzen ins Private hinein verschieben. Überstunden werden klaglos angehäuft und Arbeit wird mit nachhause genommen – wenn nicht real, dann zumindest gedanklich. Wir trinken Kaffee „to go" und nehmen unser Mittagessen im Stehen ein. Es gibt sogar ein neues medizinisches Phänomen, die so genannte Entlastungsdepression. Sie kann uns dann ereilen, wenn wir nach einer Zeit voll Stress versuchen abzuschalten. Die Stresshormone in unserem Körper, die uns durchhalten ließen, sind verschwunden und unser Immunsystem stürzt ab. Die Folge: wir werden krank. Holiday Blues wird das in den USA genannt.

Groucho Marx übernimmt in dem Film *A Night in Casablanca* einen Job als Hoteldirektor. Auf die Frage, wo er denn jetzt ansetzen würde, antwortet er: *„Mehr Tempo: Die Vier-Minuten-Eier werden in drei Minuten gekocht, die Drei-Minuten-Eier in zwei und wer ein Zwei-Minuten-Ei verlangt, bekommt das Huhn."*

Ein gutes Zeitmanagement gilt als unverzichtbar und an gut gemeinten Ratschlägen mangelt es nicht. In Wahrheit ist Zeit aber nur ein Symptom. Dass uns Zeit fehlt, weist darauf hin, dass uns Klarheit fehlt. Klarheit darüber, was wir wirklich tun wollen und wozu. Viel mehr als um Planungstools und ZeitspARkniffe geht es um Motive, Ziele, Werte und Wünsche. In diesem Buch wird es daher um Zeit gehen, aber vor allem darum, wie Sie sie Sinn-voll nutzen wollen.

Für mich persönlich ist ein gutes Zeitmanagement äußerst wichtig. Mein Job als Trainer und Coach ist sehr fordernd. Ich verbringe viel Zeit auf Reisen, muss mich in höchstem Maße eigenverantwortlich organisieren und bin doch zu einem großen Teil von meinen Kunden abhängig. Für meine liebe Frau und unseren wundervollen Sohn möchte ich genügend Zeit haben. Meine Frau ist selbstständig als Trainerin und Beraterin – also auch viel unterwegs. Sport, Freunde und Hobbys (wir haben ein Pferd) komplettieren das Programm. Aber wem sage ich das, Sie werden das auf Ihre Art kennen.

Seit vielen Jahren beschäftige ich mich in Trainings und Coachings sehr intensiv mit dem Thema Zeitmanagement. Meine Erfahrungen mit ganz vielen ganz unterschiedlichen Menschen lasse ich in dieses Buch einfließen. Und das erwartet Sie:
→ Jede Menge praktischer Tipps zum Umgang mit Zeit
→ Übungen und Aufgaben zum Reflektieren, Üben, Ausprobieren
→ Hintergrundwissen
→ Fallbeispiele

Sie können dieses Buch nutzen, um Ihren Umgang mit Ihrer Zeit zu analysieren, Veränderungen zu planen und umzusetzen. Oder Sie probieren und experimentieren munter drauflos. Oder Sie machen beides. Ganz gleich, welchen Weg Sie wählen, Sie werden feststellen, dass es hier um Sie ganz persönlich geht und um die Welt, in der Sie leben und arbeiten.

Ich wünsche Ihnen viel Spaß bei der Lektüre und ganz viele inspirierende Momente.

Gütersloh, im Frühjahr 2011   *Alexander Pauly*

1 Den richtigen Ansatz wählen –

Wie Sie herausfinden, welches Zeitmanagement zu Ihnen passt

Das Wichtigste zuerst: Es gibt nicht EINE Zeitmanagement-Methode für ALLE Menschen!

Es ist ebenso trivial wie wahr: Viele Menschen haben das Gefühl, dass alles immer schneller geht. Dass immer mehr in immer weniger Zeit geschafft werden muss. Dass das Rad der Geschichte sich immer rasanter dreht. Möglich, dass es sich wirklich so verhält. Die Zeit, in der neues Wissen wieder veraltet, verringert sich zunehmend. Viel entscheidender ist aber, dass viele von uns das Gefühl haben, nicht mit ihrer Zeit auszukommen. Es macht Sinn, sich in dem Fall Rat zu suchen.

Vielleicht haben auch Sie zu diesem Buch gegriffen, in der Hoffnung, mehr von Ihrer Arbeit bewältigen oder einfach gelassener Ihren Aufgaben nachgehen zu können. Vielleicht ist es auch nicht das erste Mal und Sie haben bereits Seminare zu diesem Thema besucht.

Aus meiner Erfahrung in Seminaren und mit Coaching-Klienten weiß ich, dass die Erwartungen oft sehr hoch sind und manchmal echter Leidensdruck spürbar wird. Trotzdem gelingt es längst nicht allen, etwas an ihrer Situation zu verbessern. Woran liegt das?

Ich behaupte, Zeitmanagement funktioniert deshalb oft nicht, weil in unseren Köpfen ein bestimmtes Ideal herrscht.

In unserem Kulturkreis gilt spätestens seit dem Zeitalter der Aufklärung die Vernunft als höchste Tugend. Unser Weltbild ist ein naturwissenschaftliches, in dem man Zusammenhänge gründlich erforschen kann und alles in Ursache-Wirkungszusammenhängen miteinander verbunden ist. Wenn wir ein Problem vorfinden, was machen wir dann als Erstes? Richtig, eine Analyse, und anschließend einen Plan für die Lösung – inklusive Risikoabschätzung. Diese Lösung setzen wir konsequent, mit eiserner Disziplin um und kontrollieren den Output auf Soll-Ist-Abweichungen.

Diese Vorstellung prägt unser Bild vom idealen Zeitmanagement genauso, wie der Glaubenssatz, dass harte Arbeit und Selbstdisziplin der Schlüssel zum Erfolg seien. Dabei ist es ein Irrtum zu glauben, dass Zeit sich „managen" ließe. Der Zeit ist es total egal, wie wir sie verbringen. Es geht um uns. Und es geht darum, wie wir in unsere Lebensbezüge eingebunden sind. Unser Empfinden von Zeit und wie wir sie gestalten, ist für uns ganz persönlich bedeutsam. Wie wir sie am Sinn-vollsten verbringen wollen, davon haben wir sehr unterschiedliche Vorstellungen. Wer das verinnerlicht, ist mit seinem Zeitmanagement einen großen Schritt weiter.

Es gibt nicht das eine Zeitmanagement für alle! Wie es für Sie am besten ist, hängt sehr wesentlich von zwei Faktoren ab: Von Ihrer Persönlichkeit und von dem Umfeld, in dem Sie leben und arbeiten.

Wenn Sie sich nun daranmachen, Ihr persönliches Zeitmanagement zusammenzustellen, sollten Sie wissen, dass Ihnen manche Instrumente helfen, andere wiederum für Sie bestenfalls wirkungslos sind.

Die Navigation durch die in diesem Buch angebotenen Instrumente sollen Ihnen zwei Selbstchecks erleichtern, die ich für Sie zusammengestellt habe.

1.1 Persönlichkeit und Zeitmanagement

Persönlichkeit differenziert zu beschreiben ist aussichtslos. Für unsere Zwecke reicht es, zwei Grundrichtungen zu unterscheiden: Die strukturiert-analytische und die flexibel-intuitive.

→ Als strukturiert-analytischer Mensch steht für Sie die Sache im Mittelpunkt. Sie gehen Ihre Aufgaben vor allem sachlich und planvoll an. Pläne und Checklisten helfen Ihnen. In der allgemeinen Ratgeberliteratur gibt es dazu bereits eine Fülle an Instrumenten.

→ Als flexibel-intuitiver Mensch sind Ihnen vor allem Beziehungen zu anderen Menschen wichtig. Sie arbeiten eher kreativ, spontan und manchmal etwas chaotisch – im besten Sinne. Neues zu entdecken und viele Aufgaben gleichzeitig zu bearbeiten, ist Ihre Welt.

Beide Seiten finden wir in uns, keine Seite ist besser oder schlechter als die andere. Manchmal gibt die Situation den Ausschlag darüber, welche Seite sich stärker bemerkbar macht. Aber Hand aufs Herz (oder den Kopf – je nachdem), vermutlich gibt es eine Seite, der Sie unter dem Strich eher zuneigen. Und wahrscheinlich fallen Ihnen spontan einige Personen ein, die Sie ganz schnell der einen oder anderen Fraktion zuordnen würden.

Im Übrigen bin ich fest der Ansicht, dass beide Seiten sich wunderbar ergänzen. In uns selbst und auch zwischen den Menschen. Wer flexibel-intuitiv unterwegs ist, wünscht sich meist ausreichend Zeit, all die vielen Dinge zu tun, die ihm in den Sinn kommen. Diese Zeit kann man sich mit dezenter typgerechter Planung verschaffen. Und wer mit chirurgischer Präzision Probleme analysiert und löst, freut sich über kreative neue Lösungen, wenn alle bekannten Ansätze nicht fruchten.

Selbstcheck 1: Wie strukturiert-analytisch und flexibel-intuitiv sind Sie?

Nehmen Sie sich ein wenig Zeit und füllen Sie diesen Test in Ruhe aus. Die Aussagen auf der linken und rechten Seite sind stets Gegensätze. Sie müssen sich aber nicht „entweder/oder" entscheiden. Sie können für jede Seite eine Wertung von 0 (trifft überhaupt nicht / nie zu) bis 5 (trifft voll / immer zu) abgeben. Es kann schließlich sein, dass Sie beiden angebotenen Aussagen in gewissem Rahmen zustimmen können.

Wie gesagt, wir tragen beide Seiten in uns. Kreuzen Sie also in jeder Zeile zwei Werte an, einen auf der linken Hälfte (0 bis 5) und einen auf der rechten Hälfte (0 bis 5).

Bitte füllen Sie den Test zügig aus. Der erste Wert, der Ihnen in den Sinn kommt, ist meist sehr zutreffend und wird durch langes Grübeln nicht präziser.

	5	4	3	2	1	0	0	1	2	3	4	5
A	Um etwas zu entscheiden, trage ich zunächst alle Fakten zusammen.						Um etwas zu entscheiden, folge ich meinen Ahnungen, meinem „Bauchgefühl".					
	❏	❏	❏	❏	❏	❏	❏	❏	❏	❏	❏	❏
B	Es fällt mir leicht, „Nein" zu sagen, wenn gerade andere Dinge wichtiger sind.						Es fällt mir leicht, „Ja" zu sagen, auch wenn ich noch viele andere Dinge zu erledigen habe.					
	❏	❏	❏	❏	❏	❏	❏	❏	❏	❏	❏	❏
C	Ich versuche, wann immer möglich, Aufgaben zu standardisieren (z.B. indem ich Checklisten anlege).						Ich versuche, so oft wie möglich Abwechslung in meine Aufgaben zu bringen.					
	❏	❏	❏	❏	❏	❏	❏	❏	❏	❏	❏	❏
D	Ich finde bei einem Sachverhalt sofort die kritischen Punkte, die schiefgehen könnten.						Ich erkenne bei einem Sachverhalt sofort, welche Chancen sich bieten und was man daraus entwickeln könnte.					
	❏	❏	❏	❏	❏	❏	❏	❏	❏	❏	❏	❏
E	Ich erledige unangenehme Aufgaben morgens als Erstes, damit ich sie hinter mir habe.						Ich erledige morgens als Erstes das, was mich „anspringt".					
	❏	❏	❏	❏	❏	❏	❏	❏	❏	❏	❏	❏
F	Meine Entscheidungen haben auch morgen noch Bestand.						Ich bin bereit, meine Entscheidungen schnell zu verwerfen, wenn neue Ideen hinzukommen.					
	❏	❏	❏	❏	❏	❏	❏	❏	❏	❏	❏	❏
G	Pünktlichkeit und Termintreue sind mir wichtig.						Flexibilität in der Einhaltung von Fristen ist mir wichtig.					
	❏	❏	❏	❏	❏	❏	❏	❏	❏	❏	❏	❏

	5	4	3	2	1	0	0	1	2	3	4	5
H	Es ist mir wichtig, meinen Tag sorgfältig geplant anzugehen.						Es ist mir wichtig, morgens einfach loszulegen.					
	❏	❏	❏	❏	❏	❏	❏	❏	❏	❏	❏	❏
I	Mein Arbeitsplatz ist stets sehr aufgeräumt.						Mein Arbeitsplatz sieht stets nach Arbeit aus.					
	❏	❏	❏	❏	❏	❏	❏	❏	❏	❏	❏	❏
J	Ich arbeite am besten, wenn ich eine Aufgabe sorgfältig und mit Blick für die Details bearbeiten kann.						Ich arbeite am besten, wenn ich das große Ganze überblicke und weiter neue Ideen generieren kann.					
	❏	❏	❏	❏	❏	❏	❏	❏	❏	❏	❏	❏
K	Ich erledige am liebsten alles der Reihe nach.						Ich erledige am liebsten mehrere Dinge gleichzeitig.					
	❏	❏	❏	❏	❏	❏	❏	❏	❏	❏	❏	❏
L	Wenn jemand eine Verabredung kurzfristig ändert, finde ich das unangenehm.						Wenn jemand eine Verabredung kurzfristig ändert, freue ich mich über die Überraschung.					
	❏	❏	❏	❏	❏	❏	❏	❏	❏	❏	❏	❏
M	Stabile Verhältnisse sind mir wichtig.						Dynamische Verhältnisse / Veränderungen sind mir wichtig.					
	❏	❏	❏	❏	❏	❏	❏	❏	❏	❏	❏	❏
N	Ich bringe meine Gedanken gerne allein zu Papier.						Ich denke gerne laut und mit anderen gemeinsam.					
	❏	❏	❏	❏	❏	❏	❏	❏	❏	❏	❏	❏
	Summe strukturiert-analytisch:						Summe flexibel-intuitiv:					

Auswertung:

Addieren Sie nun die Werte der linken und rechten Seite. Um Ihr Ergebnis einschätzen zu können, schlage ich folgende Stufen vor:

→ Unterer Bereich: 0 bis 17 Punkte (entspricht etwa 25 Prozent der möglichen Punkte)
Ergebnisse im unteren Bereich deuten darauf hin, dass Ihnen die entsprechende Persönlichkeitsgrundrichtung wenig nahe ist. Sollten Sie z.B. einen strukturiert-analytischen Wert von 12 haben, ist womöglich alles, was mit Listen, Standards und Detailplänen zu tun hat, nicht das richtige Werkzeug für Ihr Zeitma-

nagement. 12 Punkte im flexibel-intuitiven Bereich hingegen bedeuten, dass Sie vermutlich keinen Gefallen daran finden, mehrere Dinge gleichzeitig zu tun.

→ Mittlerer Bereich: 18 bis 52 Punkte (50 Prozent)
Ergebnisse im mittleren Bereich deuten darauf hin, dass Sie durchaus anschlussfähig an die entsprechende Grundrichtung sind. Im strukturiert-analytischen Bereich würde das bedeuten, dass Sie z.B. analysieren und planen können und in der Lage sind, sich auf eine Sache zu konzentrieren. Im flexibel-intuitiven Bereich hieße das hingegen, dass es Ihnen vermutlich wichtig ist, viele neue Informationen und Ideen zu generieren und sinnvoll zu bearbeiten.

→ Oberer Bereich: 53 bis 70 Punkte (25 Prozent)
Ergebnisse im oberen Bereich weisen auf eine sehr starke Ausprägung in dem jeweiligen Bereich hin. Hier wäre es sinnvoll zu prüfen, inwieweit Ihre Art, die Dinge anzugehen, mit Ihrer Umwelt harmoniert. Dies gilt in besonderer Weise, wenn die jeweils andere Seite nur im unteren Bereich ausgeprägt ist. Angenommen, Sie wären strukturiert-analytisch im oberen Bereich, so könnte Ihre Fähigkeit zu planen und zu analysieren bisweilen als „zu viel des Guten" wahrgenommen werden. Gleiches gilt sicher für hoch ausgeprägte Flexibel-intuitive und deren Fähigkeit, Ideen sprudeln zu lassen und spontane Entscheidungen zu treffen.

Und je größer der Abstand der beiden Seiten zueinander ist, desto eindeutiger ist die Tendenz zu einer Grundrichtung.

Ein Tipp: Geben Sie den Fragebogen doch einmal einem guten Freund oder Ihrem Partner / Ihrer Partnerin. Und bitten Sie diese, ihn so auszufüllen, wie sie Sie erleben.

1.2 Arbeitsmodus und Zeitmanagement

Ein Klassiker unter den Zeitmanagement-Tipps lautet ungefähr so: „Wenn etwas nicht wichtig, aber recht dringend ist, delegieren Sie es." Generationen von Ratsuchenden hat das sehr geholfen – sofern sie als Führungskraft über die Möglichkeit verfügten, Aufgaben an andere weiterzugeben. Allen anderen dagegen nutzt dieser Ratschlag nichts. Das ist nur ein Beispiel dafür, dass die Frage nach dem richtigen Zeitmanagementsystem nur beantwortet werden kann, wenn man den Arbeitskontext berücksichtigt.

Sie werden mir vermutlich Recht geben, dass es eine große Vielzahl an unterschiedlichen Arbeitskontexten gibt. Sie alle zu erfassen, würde wenig Sinn machen.

Daher habe ich mich auf die Suche nach Gemeinsamkeiten in der Aufgabenbewältigung gemacht. Bestimmte ähnliche Merkmale sind dabei immer wieder in unterschiedlichsten Unternehmen und Branchen anzutreffen. Der Arbeitsmodus – also die Art und Weise, in der ich meine Aufgaben in meinem speziellen Umfeld verrichte – ist abhängig von wenigen grundlegenden Schlüsselfaktoren. Im Wesentlichen sind dies die Art der Tätigkeit und die hierarchische Position. Etwas präziser geht es u.a. um folgende Fragen:

Leitfragen zur Bestimmung des Arbeitsmodus

→ Habe ich Führungsverantwortung für andere Menschen?

→ Wie stark bin ich fremd- bzw. selbstgesteuert? Mit anderen Worten, wie frei bin ich, selbst zu entscheiden?

→ Arbeite ich eher operativ oder strategisch? Führe ich also eher aus, was an anderer Stelle beschlossen wurde, oder habe ich den großen Rahmen, die Ziele im Blick?

→ Wie zeitkritisch ist meine Arbeit?

→ Arbeite ich eher kreativ, verwaltend, organisierend?

→ Wie viel Selbstdisziplin muss ich täglich aufbringen?

Die Arbeitsmodi im Überblick

Zwischen der Beantwortung dieser Fragen gibt es Verbindungen und Vernetzungen. Wer Führungskraft ist, arbeitet z.B. immer zu einem gewissen Anteil strategisch. Das grenzt die Möglichkeiten ein und ich erkenne drei grundlegende Arbeitsmodi:

Drei grundlegende Arbeitsmodi

→ entwickelnd-bearbeitend

→ führend-koordinierend

→ unterstützend-ausführend

Mischformen sind nicht nur möglich, sondern sehr wahrscheinlich.

Und so könnten Sie die drei Arbeitsmodi erleben:

Fallbeispiel Herr Schneidbrenner (entwickelnd-bearbeitend)

Herr Schneidbrenner arbeitet in der IT-Abteilung eines Maschinenbauunternehmens und programmiert Steuerungseinheiten für die Anlagen. Die Produkte des Unternehmens sind Auftragsfertigungen für Kunden in aller Welt. Jede Einzelne kostet ein Vermögen. Die Anforde-rungen an Qualität und Sorgfalt sind immens. Da kein Produkt dem anderen gleicht, muss Herr Schneidbrenner permanent neue Lösungen erdenken. Er liebt seinen Job! Es reizt ihn jedes Mal aufs Neue, die kniffligen Probleme zu lösen, die ihm gestellt werden. Mit voller Konzentration begibt er sich dann in die Materie. Seine Arbeit erfordert viel Kreativität und höchste Konzentration.

Jede Unterbrechung bedeutet für ihn, drei Schritte zurückgehen zu müssen und neu anzufangen. Aus diesem Grund wünscht er sich, einfach in Ruhe seiner Arbeit nachgehen zu können. Ein halber Tag ist gerade lang genug, um wirklich voranzukommen.

Leider muss er sich ständig mit Herrn Eckart, dem Projektmanager, auseinandersetzen. Der setzt seine ungeheuer wichtigen Meetings immer so an, dass dadurch der ganze Tag für Herrn Schneidbrenner zerstückelt wird. Meist dauern diese Meetings dann viel zu lange. Wenn er endlich mit seinen Punkten an der Reihe ist, wird meist wenig gründlich diskutiert.

Zum Mittag trifft Herr Schneidbrenner sich gerne mit Herrn Selig aus dem Controlling. Der hat ähnliche Probleme. Es dauert halt seine Zeit, bis der sich in seine Zahlen vertieft hat. Da geht es um jede Kommastelle. Wenn er dann permanent zu Projektbesprechungen gerufen wird oder ständig das Telefon klingelt, weil jemand eine Nachfrage hat, kommt er zu nichts.

Fallbeispiel Frau Wagemut (führend-koordinierend)

Frau Wagemut leitet die Abteilung für Unternehmenskommunikation eines mittelständischen Unternehmens der Bekleidungsbranche. Sie hat die Verantwortung für drei Mitarbeiter – zwei Referenten und ihre Assistentin. Neben dem Tagesgeschäft der Abteilung hat sie ein interessantes Projekt übernommen. Sie koordiniert den Relaunch der Unternehmenshomepage. Dabei müssen ihr viele Abteilungen zuarbeiten. Es geht auf den Start der neuen Winterkollektion zu und sie steht ziemlich unter Zeitdruck.

Daher hat sie wöchentliche Projektmeetings angesetzt. Zusammen mit Teamsitzungen, Abteilungsleiterrunden, Mitarbeitergesprächen und verschiedenen anderen Projektmeetings ist ihr Terminplan gut gefüllt. Meist sind ihre Tage in Stundenblöcke gestückelt. An ihrem Job liebt sie zu organisieren, zu planen, Dinge anzuschieben.

Es ist ihre Aufgabe, sich darum zu kümmern, dass in ihrem Verantwortungsbereich alles läuft und rechtzeitig fertigwird. Sie ist froh, dass sie die Unterstützung ihres Teams hat. Sie versucht, alle drei Mitarbeiter nach deren Möglichkeiten und Wünschen entsprechend zu fördern. Sie achtet schon darauf, dass sie nicht nur Routineaufgaben delegiert. Ab und zu muss es aber einfach auch mal schnell gehen. Dann trifft sie die Entscheidungen und gibt Anweisungen.

Klar, dass sie im Eifer des Gefechts nicht immer auf alle Befindlichkeiten achten kann. Frau Blume, ihre Assistentin, z.B. beschwert sich, dass Frau Wagemut immer hereinrausche und ihr Aufgaben auf den Tisch knalle. Sie wünschte sich dann etwas mehr Verständnis für ihre Situation.

Fallbeispiel Frau Redlich (unterstützend-ausführend)

Frau Redlich ist Sekretärin der Marketingleiterin eines Haushaltsgeräteherstellers. Sie hält ihrer Chefin Frau Freitag den Rücken frei. Die hat wirklich immer viel um die Ohren. Gut, dass sie sich hundertprozentig auf Frau Redlich verlassen kann. Sie sortiert den Posteingang vor, pflegt ihre Terminkalender, hält ihr Anfragen von Agenturen vom Leib, leitet interne Anfragen direkt an die damit betrauten Stellen weiter, führt die Korrespondenz, und, und, und.

Gerade jetzt brennt wieder der Baum. Eine wichtige Messe steht an. Da gilt es, den Überblick zu behalten, mehrere Vorgänge gleichzeitig zu berücksichtigen und vor allem vorherzusehen, was alles schiefgehen könnte. Frau Redlich reagiert im Minutentakt auf die Informationen, die auf ihrem Schreibtisch landen. Viele Dinge lassen sich glücklicherweise standardisieren. So hat sie z.B. die Korrespondenz zu 80 Prozent vereinheitlicht und greift auf eine Datenbank zurück. Und egal was kommt, immer muss sie freundlich bleiben.

Das Telefon klingelt schon wieder. So geht es jetzt schon seit Tagen. Manchmal fragt Frau Redlich sich, ob überhaupt jemand die Leistung erkennt, die sie hier tagtäglich erbringt. Vor Kurzem war sie für eine Woche krank. Da waren einige Personen ganz schön aufgeschmissen.

Wie gesagt, Mischformen zwischen diesen Ausprägungen sind sehr wahrscheinlich. Viele Selbstständige müssen beispielsweise alle drei Bereiche im Wechsel oder sogar parallel abdecken. Dafür braucht es sehr viel Selbstdisziplin. Das gilt insbesondere für das „Loslegen" und „Aufhören".

Die Arbeitsmodi im Überblick

entwickelnd-bearbeitend	führend-koordinierend	unterstützend-ausführend
↑ Die Arbeit erfordert in hohem Maße Kreativität und/oder Konzentration.	↑ Die Arbeit erfordert in hohem Maße Planung, Organisation und Management.	↑ Die Arbeit erfordert in hohem Maße das Handhaben von vielen Informationen gleichzeitig; es geht darum, den Überblick zu behalten, Prioritäten permanent zu aktualisieren und Fehler vorherzusehen.
↑ Die Arbeit ist sehr störsensibel; unterbrochen zu werden bedeutet, sich mühsam neu eindenken zu müssen.	↑ Ziele müssen entwickelt und umgesetzt werden.	
↑ Qualität und Sorgfalt spielen eine große Rolle.	↑ Die Arbeit ist kommunikationsintensiv.	↑ Die Arbeit ist kommunikationsintensiv.
↑ Administrative Aufgaben sind oft ein mehr oder weniger notwendiges Übel.	↑ Menschen werden geführt; Delegation ist Chance und Notwendigkeit.	↑ Es herrscht oft ein spürbares hierarchisches Gefälle.
↑ Es geht z.B. um Programmierung, Konstruktion, Design, Konzeption; aber auch um Sachbearbeitung (u.a. bei umfangreichen, komplexen Vorgängen).	↑ Zeitdruck und Zielerreichung spielen eine große Rolle.	↑ Quantität und Zeitdruck spielen eine große Rolle.
	↑ Meetings und Reports bestimmen einen Großteil des Tages.	↑ Es geht z.B. um Sekretariatsarbeit und Assistententätigkeiten; ein Großteil der Arbeit sind Verwaltungsaufgaben.
↑ Sinnvolle Zeitfenster, sich mit einer Aufgabe zu beschäftigen, sind oft halbe Tage lang.	↑ Es geht z.B. um Team-, Abteilungs-, Projektleitung.	↑ Das Arbeiten wird oft in hohem Maße als fremdgesteuert empfunden.
	↑ Die Arbeit ist meist in Zeitfenster von 60 Minuten getaktet.	↑ Die Arbeit ist meist recht kleinschrittig und bestimmt von Eingaben von außen; es muss viel auf Zuruf gearbeitet werden.

Selbstcheck 2: In welchem Arbeitsmodus arbeiten Sie?

Machen Sie einen Selbstcheck. Geben Sie den folgenden Aussagen die Werte: 0 = „trifft nicht zu" / 1 = „trifft teilweise zu" / 2 = „trifft zu".

Ein Tipp: Auch mit der Übung 1 „Tagebuch der persönlichen Zeitverwendung" erhalten Sie zusätzliche Information über Ihren Arbeitsmodus.

entwickelnd-bearbeitend		0	1	2
1	Meine Aufgabe ist es, komplexe (fachliche) Probleme zu lösen.	☐	☐	☐
2	Es braucht eine gewisse Zeit, bis man sich in eine Problemstellung / einen Vorgang hineingedacht hat.	☐	☐	☐
3	Ich habe einen (großen) Knowhow-Vorsprung in meinem Fachgebiet.	☐	☐	☐
4	Es ist wichtig, meine Aufgabe perfekt zu erledigen.	☐	☐	☐
5	Die Aufgaben, mit denen ich betraut bin, dauern oft mehrere Tage, Wochen oder Monate.	☐	☐	☐
6	Die meisten meiner Aufgaben hängen eng zusammen oder bauen aufeinander auf.	☐	☐	☐
7	Jede meiner Arbeitsaufgaben ist individuell und muss von mir neu entwickelt werden.	☐	☐	☐
8	Meine Arbeit ist oft sehr detailreich.	☐	☐	☐
	Summe (Berechnung siehe unten):			

führend-koordinierend		0	1	2
1	Meine Aufgabe ist es, für andere zu planen oder zu koordinieren.	☐	☐	☐
2	Ich habe die Möglichkeit, Aufgaben an andere zu delegieren.	☐	☐	☐
3	Ich entwickle Ziele und Strategien für meinen Arbeitsbereich.	☐	☐	☐
4	Es ist ein wichtiger Bestandteil meiner Tätigkeit, Termine und Fristen einzuhalten.	☐	☐	☐
5	Meinen Tagesablauf strukturiere ich durch Meetings und Reportings vor.	☐	☐	☐
6	Ich arbeite meist in Zeitblöcken von 60 Minuten.	☐	☐	☐
7	Ich muss Informationen miteinander vernetzen.	☐	☐	☐

8	Ich habe die Verantwortung für ein Budget.	☐	☐	☐
	Summe (Berechnung siehe unten):			

unterstützend-ausführend		0	1	2
1	Meine Aufgabe ist es, anderen zuzuarbeiten.	☐	☐	☐
2	Ich arbeite zum größten Teil auf Zuruf.	☐	☐	☐
3	Meine Arbeit besteht zum großen Teil aus vielen kleinen Aufgaben.	☐	☐	☐
4	Ich muss viele Informationen gleichzeitig überblicken.	☐	☐	☐
5	Ich bearbeite oft mehrere Dinge parallel.	☐	☐	☐
6	Der Großteil meiner Aufgaben wiederholt sich regelmäßig.	☐	☐	☐
7	Meine Prioritäten ändern sich oft von jetzt auf gleich, was eine Planung schwierig macht.	☐	☐	☐
8	Meine Aufgabe besteht auch darin vorherzusehen, was alles schiefgehen kann.	☐	☐	☐
	Summe (Berechnung siehe unten):			

Auswertung

Multiplizieren Sie in jeder Kategorie Ihre zu den Fragen 1 bis 3 vergebenen Punkte jeweils mit „2". Addieren Sie dann die Punkte, die Sie innerhalb der Bereiche vergeben haben und vergleichen Sie Ihre Präferenzen in den drei Bereichen mithilfe folgenden Säulendiagramms.

Worauf Sie achten sollten:

> Je mehr Sie entwickelnd-bearbeitend tätig sind, desto wichtiger ist es für Sie, dafür zu sorgen, möglichst lange ungestört arbeiten zu können.

Jede Zeitmanagementmethode, die Störungen und Unterbrechungen reduziert, hilft Ihnen. Das bedeutet in der Konsequenz vor allem, Bedürfnisse und Erwartungen aktiv zu kommunizieren.

> Je mehr Sie führend-koordinierend tätig sind, desto wichtiger wird es für Sie, Ihre Ziele und Prioritäten klar vor Augen zu haben und diese immer wieder abzugleichen.

Sie tun gut daran, Wichtigkeit und Dringlichkeit zu unterscheiden. Ein echter Knackpunkt sind für Sie Besprechungen. Je zielführender Sie hier arbeiten, desto besser kommen Sie mit Ihrer Zeit zurecht.

> Je mehr Sie unterstützend-ausführend tätig sind, desto wichtiger ist es für Sie, schnell und angemessen zu entscheiden, was wirklich als Nächstes ansteht.

Es geht darum, schnell zu erfassen, was getan werden muss und damit umzugehen, dass sich Prioritäten sehr plötzlich ändern. Sie sparen viel Zeit, wenn Sie möglichst viele Arbeitsabläufe standardisieren und nicht zu oft multitasken (siehe Kap. 3.1).

→ **Übung 1: Tagebuch der persönlichen Zeitverwendung**

Wissen Sie eigentlich sicher, womit Sie jeden Tag Ihre Zeit verbringen? Falls nicht, empfehle ich Ihnen, eine Zeit lang Tagebuch darüber zu führen. Falls doch, empfehle ich es gleichwohl. Manchmal wundert man sich.

Tragen Sie an fünf aufeinander folgenden Arbeitstagen ein, was Sie jeweils getan haben. Nutzen Sie dafür ein Formular wie hier dargestellt. Je nachdem, wann Sie Ihren Arbeitstag beginnen, ergänzen Sie links die Zeitleiste. Eine Zeile könnte z.B. fünfzehn Minuten umfassen.

Wenn Sie festhalten, welche Tätigkeiten geplant waren, welche Sie spontan angegangen und welche unerwartet auf Sie zugekommen sind, gewinnen Sie weiteren Aufschluss über die Struktur Ihres Tagesablaufs.

Zeit	Aktivität	g - geplant s - spontan u - unerwartet

Für die Auswertung empfehle ich folgende Fragen zu beantworten:

→ *Welche Aufgaben haben Sie ausgeführt?*
→ *Womit haben Sie sich wie lange beschäftigt?*
→ *Wie oft konnten Sie eine Stunde oder mehr am Stück einer Aufgabe nachgehen?*
→ *Waren die Tätigkeiten von Ihnen so geplant (g)?*
→ *Haben Sie sich spontan (um)entschieden (s)?*
→ *Oder waren Sie gezwungen, Ihren Plan zu ändern (u)?*

1.3 Für jeden etwas

Nun soll in diesem Buch für jeden etwas dabei sein. Für die flexibel-intuitive Führungskraft genauso wie für den strukturiert-analytischen Entwickler und für jeden anderen Menschen auch.

Warum gibt es dann nicht für jeden Grundtyp ein eigenes Buch, könnten Sie mit Recht fragen.

Drei Gründe sprechen aus meiner Sicht dafür, das Thema Zeitmanagement auch weiterhin ganzheitlich zu behandeln – wenn auch differenzierter.

→ Erstens gibt es zwar nicht das eine System für alle, wohl aber Grundlagen, die sich wiederholen.
→ Zweitens bin ich, wie gesagt, der festen Überzeugung, dass man voneinander lernen kann. Es hilft, auch einmal nach rechts und links zu schauen. Denn wer immer die gleichen Probleme mit immer den gleichen Maßnahmen angeht, wird schlimmstenfalls auch immer mehr dieser Probleme bekommen.
→ Und drittens ist ja niemand immer nur das eine oder das andere. Es gibt Kombinationen und fliegende Typenwechsel (je nach Tagesform oder Kontext). Daher spreche ich von integrativem Zeitmanagement.

		Persönlichkeitstendenz Strukturiert-analytisch
Arbeitsmodus	**Entwickelnd-bearbeitend**	→ Schaffen Sie sich Zeitinseln (Kap. 4.2) oder richten Sie Sprechstunden (Exkurs 9) ein. → Planen Sie Pausen genauso gründlich wie Arbeitszeiten (Kap. 3.4). → Arbeiten Sie antizyklisch (Kap. 3.5). → Machen Sie es wie der Storch, schlucken Sie zu Beginn des Tages eine dicke Kröte (Kap. 2.5). Übungsvorschläge: Zeitdiebe (Übung 8), Schlüsselaufgaben identifizieren (Übung 5).
	Führend-koordinierend	→ Gehen Sie langsam. → Entwerfen Sie eine persönliche Vision für Ihre Arbeit. → Behalten Sie Wichtigkeit und Dringlichkeit unabhängig voneinander im Blick (Exkurs 5). → Planen Sie Ihre Woche vor Ihrem Tag (Übung 6). → Bilden Sie Aufgabenblöcke (Kap. 3.4). → Machen Sie es wie der Storch (Kap. 2.5). Übungsvorschläge: die Zukunft vorstellen (Übung 3), Schlüsselaufgaben identifizieren (Übung 5).
	Unterstützend-ausführend	→ Seien Sie sensibel für Ihre roten Knöpfe und die anderer (Kap. 5.2). → Teilen Sie Ihren Tag in sinnvolle Abschnitte ein (Kap. 3.4). → Trainieren Sie für jede Art von Input das Vorgehen des rationalen Postkorbs (Kap. 3.8). → Standardisieren Sie (Kap. 3.5). → Machen Sie Slow-Mail (Kap. 4.3). → Machen Sie es wie der Storch (Kap. 2.5). Übungsvorschläge: Rollenüberblick (Aufgabe 3), Zeitdiebe (Übung 8).

Matrix integratives Zeitmanagement

**Persönlichkeitstendenz
Flexibel-intuitiv**

→ Lenken Sie Ihre Energie schon zu Beginn des Tages in die richtige Richtung.

→ Geben Sie Ihrem Tag einen „Atem-Rhythmus" (Kap. 3.4).

→ Aktivieren Sie Ihren Ziele-Kompass (Exkurs 4, Kap. 2.3).

→ Setzen Sie sich zeitliche Limits (Kap. 3.4).

→ Schaffen Sie sich Zeitinseln (Kap. 4.2).

→ Sammeln Sie Ideen in Ihrer Schatztruhe (Kap. 3.8).

Übungsvorschläge: Ziele visualisieren (Übung 4), Schlüsselaufgaben identifizieren (Übung 5).

→ Lenken Sie Ihre Energie schon zu Beginn des Tages in die richtige Richtung.

→ Geben Sie Ihrem Tag einen „Atem-Rhythmus" (Kap. 3.4).

→ Behalten Sie Ihre persönlichen Ziele im Blick (Kap. 2.3).

→ Planen Sie Pufferzeiten ein (Kap. 3.3).

→ Gehen Sie regelmäßig Ihre Aufgabenlisten durch und sortieren Sie aus (Kap. 3.7).

Übungsvorschläge: Die Zukunft vorstellen (Übung 3), Ziele visualisieren (Übung 4).

→ Lenken Sie Ihre Energie schon zu Beginn des Tages in die richtige Richtung.

→ Teilen Sie Ihren Tag in sinnvolle Abschnitte ein (Kap. 3.4).

→ Erfüllen Sie Anforderungen nur so weit, wie es sein muss (Kap. 3.4).

→ Erkennen Sie „Spielchen" und schlagen Sie diese aus (Kap. 5.1).

→ Üben Sie, Grenzen zu ziehen (Kap. 5.1).

→ Klären Sie aktiv gegenseitige Erwartungen (Kap. 5).

Übungsvorschläge: Rollenüberblick (Aufgabe 3), Netzwerkanalyse (Übung 12).

Für den Fall, dass Sie von der ganz ungeduldigen Sorte sind oder sich einfach eine weitere Navigationshilfe für dieses Buch wünschen, habe ich auf der vorhergehenden Doppelseite eine Matrix für Sie erstellt. Darin finden Sie Verweise auf Tipps und Übungen, die meiner Meinung nach für bestimmte Typ-Modus-Konstellationen besonders geeignet sind. Darüber hinaus gilt natürlich immer: „Denken Sie selbst, sonst tun es andere für Sie!" Besonders ans Herz legen möchte ich Ihnen unabhängig von Persönlichkeitsrichtung oder Arbeitsmodus die Übungen „Tagebuch der persönlichen Zeitverwendung" (Kap. 1.2) sowie „Säulen des Lebens" (Kap. 2.1).

Exkurs 1: Kommunikation versus Planung

Ich stelle immer wieder fest, dass Zeitmanagement oft mit „Planung" gleichgesetzt wird. Bestenfalls werden noch persönliche Antreiber und Motive berücksichtigt. Ich denke, es ist an der Zeit, die Kommunikation im Zeitmanagement stärker hervorzuheben.

Wie oft muss ich mit anderen aushandeln, was als Erstes, was als Letztes zu tun ist? Wie oft sollte ich „Nein" sagen? Wie oft wäre es sinnvoll, mit meinem Chef über dessen Erwartungen an mich zu sprechen? Wie viel ich durch Kommunikation oder durch Planung erreichen kann, hängt davon ab, wie selbstbestimmt ich arbeite. Je selbstbestimmter ich arbeite, desto leichter fällt es mir, zu planen und mich daran zu halten. Dann nutze ich vor allem Planungstools für mein Zeitmanagement. Je fremdbestimmter ich bin, desto schwerer fällt es mir, einen Plan durchzuhalten. Umso wichtiger wird es, bedarfsorientiert zu kommunizieren und Erwartungen auszuhandeln. Wer z.B. als Sekretärin arbeitet, wird stark auf Zuruf des Chefs arbeiten. Umso wichtiger ist es dann, mit ihm auszuhandeln, wie sehr Sie „Gewehr bei Fuß" stehen müssen und wo Sie Zeit selbst verplanen dürfen. Ich habe daher in diesem Buch dem Thema Kommunikation ein ganzes Kapitel gewidmet (siehe Kapitel 6).

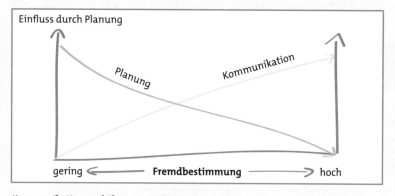

Kommunikation und Planung im Zeitmanagement

2 Prioritäten setzen –

Wie Sie bestimmen, was zuerst kommt

Von dem Schweizer Psychiater und Abenteurer Bertrand Piccard wird folgende Geschichte berichtet: Bei einem seiner Versuche, mit dem Ballon die Erde zu umfahren, geriet er in eine Flaute. Die Luftströmungen gaben nicht das Tempo her, das er sich vorstellte. Vehement diskutierte er die Situation mit seinem Navigator. Piccard bestand darauf aufzusteigen, um günstigere Winde zu nutzen. Sein Navigator lehnte dies ab. Nach einigem Hin und Her beendete der Navigator den Streit mit der Frage: *„Willst du lieber langsam in die richtige Richtung fahren oder schnell in die falsche?"*

Im Zeitmanagement ist es dasselbe! Bevor Sie sich daranmachen, möglichst viel in kurzer Zeit zu schaffen, sollten Sie wissen, in welche Richtung es gehen soll. In der Literatur geht es dabei meist um den Unterschied zwischen Effektivität und Effizienz. Etwas ist effektiv, wenn es Sinn macht, und effizient, wenn dabei möglichst wenig Zeit, Geld oder Energie verbraucht werden.

Dazu ein Beispiel: Nehmen wir an, Sie würden sich vornehmen, Schwimmwesten aus Beton herzustellen. Mit Recht könnten Sie einwenden, dass das keinen Sinn macht, also nicht effektiv ist. Dennoch könnten Sie versuchen, dies effizient zu tun, indem Sie möglichst wenig Zeit und Material vergeuden. Klingt paradox, nicht wahr?

Aber angenommen, Sie wären Bildhauer und Ihre Idee wäre es, eine Skulptur bestehend aus hundert Betonwesten zu erschaffen, dann sähe die Sache plötzlich anders aus. Dann hätte es einen Sinn und Sie sollten sich tatsächlich Gedanken machen, wie Sie möglichst schnell ans Ziel kommen. Effektiv werden Sie, wenn Sie sich fragen: „Wozu mache ich das eigentlich?"

Zeit ist ein begrenztes Gut. Jeder Mensch hat 24 Stunden davon pro Tag zur Verfügung. Bevor Sie sich jedoch Gedanken machen, wie Sie noch mehr in Ihrem Tagesplan unterbringen, sollten Sie sich überlegen, *wovon* Sie mehr schaffen möchten. Sonst könnte es mit Volldampf in die falsche Richtung gehen. Oder anders ausgedrückt: Sie laufen immer schneller im Hamsterrad und kommen doch nicht näher ans Ziel.

Die Frage lautet folglich: Wie entscheide ich für mich, was in jedem Augenblick genau das eine ist, dem ich meine Aufmerksamkeit schenke?

> **Exkurs 2: Multitasking – Alles schön der Reihe nach**
>
> Frauen können es angeblich, Männer nicht. Die Vielfalt an Aufgaben nimmt zu und mit ihr die Dringlichkeit. Wir bemühen uns, möglichst

viele Bälle gleichzeitig zu jonglieren. Telefonieren und gleichzeitig E-Mails beantworten. Mittagessen und gleichzeitig Fachartikel lesen. Einem Meeting folgen und währenddessen eine Kalkulation erstellen. Psychologische Studien renommierter Institute legen mittlerweile nahe, dass Multitasking nicht nur ineffizient ist, sondern schlimmstenfalls Migräne und andere Beschwerden auslösen kann. So wurde in Palo Alto nachgewiesen, dass Multitasker Schwierigkeiten haben, unwichtige Informationen herauszufiltern und dadurch langsamer werden.

Berühmt geworden ist ein Experiment des King's College in London. Drei Gruppen von Versuchspersonen erhielten dieselbe Aufgabe zu erledigen, Gruppe zwei musste zusätzlich E-Mails bearbeiten, Gruppe drei erhielt Marihuana. Raten Sie, wer seine Aufgabe am besten erledigte? Gruppe eins (Kontrollgruppe) vor den Kiffern und gefolgt von den Multitaskern.

2.1 Die Zukunft nutzen

Um zuverlässig auf den Ozeanen des Lebens navigieren zu können, benötigen Sie einen Kompass und einen Punkt, an dem er sich ausrichten kann. Dieser Punkt liegt gar nicht so weit entfernt. Er liegt sogar sehr nah, nämlich in uns. Trotzdem ist er nicht immer ganz leicht zu finden. Ihn zu finden bedeutet nämlich zu wissen, wann wir uns glücklich und zufrieden fühlen.

Ich behaupte, jeder Mensch möchte glücklich und zufrieden sein. Doch was macht Sie persönlich zufrieden? Was macht Sie langfristig glücklich? Das ist von Mensch zu Mensch sehr unterschiedlich. Es hat etwas damit zu tun, was uns antreibt.

Der amerikanische Psychologieprofessor Steven Reiss hat herausgearbeitet, dass es im Wesentlichen sechzehn Lebensmotive sind, um die es geht.

→ Macht: Führung und Verantwortung übernehmen oder Dienstleister sein
→ Teamorientierung: Verbundenheit zu anderen Menschen oder Autonomiestreben
→ Neugier: Neues lernen oder verwertbares Wissen finden
→ Anerkennung: Anerkennung erhalten
→ Ordnung: Struktur oder Flexibilität
→ Sparen/Sammeln: Dinge besitzen
→ Ziel-/Zweckorientierung: Prinzipientreue oder Zweckorientierung
→ Idealismus: Gerechtigkeit walten lassen
→ Beziehungen: Bedeutung und Anzahl sozialer Kontakte
→ Familie: Fürsorglichkeit für eigene Kinder
→ Status: Erkennbar anders sein oder unauffällig sein
→ Wettkampf/Kampf: Sich mit anderen messen oder Harmonie suchen

Auswertung

Lassen Sie das Gesamtbild auf sich wirken. Was ist Ihr erster Eindruck?

In welchen Bereichen wünschen Sie sich Änderungen des Zeiteinsatzes? Wo mehr? Wo weniger?

In welchen Bereichen wünschen Sie sich Änderungen Ihres Zufriedenheitslevels?

Haben Sie spontan eine Idee, was Sie gerne unternehmen würden, um eine Verbesserung zu erreichen?

Exkurs 3: Zeitverwendung – Mehr ist nicht immer mehr

Mehr Zeit zu investieren bedeutet nicht immer, mehr Lebensglück zu erhalten. Meist ist es doch so, dass es einen Idealbereich gibt und sowohl zu viel als auch zu wenig Aufmerksamkeit, die Sie diesem Bereich schenken, unangenehm werden kann (siehe Abbildung).

Wenn Sie z.B. zu wenig Zeit in Erholung investieren, sind Sie gestresst, investieren Sie zu viel Zeit, werden Sie unruhig und sehnen sich nach Aktivität.

Zeit ist folglich nur eine wichtige Stellschraube. In die falschen Ziele oder Tätigkeiten mehr oder weniger Zeit zu investieren, bringt allerdings wenig. Womit wir wieder beim Thema Effektivität wären.

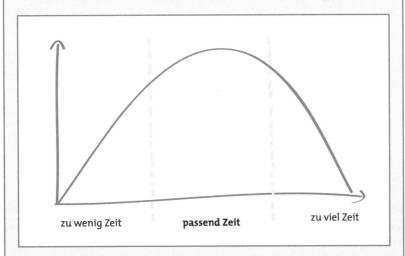

Zeitverwendung und Wohlbefinden

→ **Übung 3: Die Zukunft vorstellen**

Bei dieser Übung geht es darum, sich die Zukunft so vorzustellen, als hätten Sie Ihre Ziele bereits erreicht.

Machen Sie es sich bequem. Atmen Sie einige Male tief ein und aus. Stellen Sie sich bitte vor, Sie läsen diese Zeilen und nähmen die Impulse zum Anlass, etwas, was Sie schon immer in Angriff nehmen wollten, zu verändern. Sie legten mit großem Eifer los und überwänden unterwegs auch Hindernisse und Stolpersteine. Stellen Sie sich vor, in einem Jahr hätten Sie es geschafft und spürten, wie sich die Dinge in Ihrem Sinne verändert hätten.

> → *Woran würden Sie die Veränderung zuallererst merken? Was wäre der erste kleine Hinweis darauf, dass Sie es geschafft haben?*
> → *Wie würde es Ihnen gehen? Wie würde sich das anfühlen?*
> → *Woran würde jemand, der Ihnen nahesteht, als Erstes die Veränderung bemerken? An der Art wie Sie reden, wie Sie sich geben? Daran, was Sie tun?*
> → *Woran würde sie ein Arbeitskollege als Erstes bemerken?*
> → *Mit wem hätten Sie dann zu tun? Mit wem nicht mehr?*
> → *Mit was würden Sie sich beschäftigen? Mit was nicht mehr?*
> → *Was würden Sie gelernt haben?*
> → *Inwieweit würden diese Veränderungen nützlich für Sie sein? Was wäre das Gute daran?*
> → *Welchen Einfluss würde dies auf jeden einzelnen Lebensbereich haben?*

Wenn Sie diese Fragen für sich beantwortet haben, schreiben Sie alles auf, was Ihnen dazu eingefallen ist. Welche Veränderungen streben Sie an in diesem Jahr? Was wollen Sie am Ende erreicht haben? Und wozu?

2.2 Ziele formulieren

In den Übungen „Säulen des Lebens" und „Die Zukunft vorstellen" geht es darum, sich mit seiner Situation und mit seinen Wünschen für die Zukunft auseinanderzusetzen. Jetzt können Sie konkreter werden. Was genau wollen Sie in den kommenden zwölf Monaten erreichen? Selbstverständlich können Sie den Zeitraum auch verändern. Sechs Monate, fünfzehn Monate, das liegt ganz bei Ihnen. Alle Erfahrungen zeigen jedoch, dass zwölf Monate ein gutes Mittelmaß bilden zwischen „zu kurzfristig" (der Druck ist hoch) und „zu langfristig" (aus den Augen, aus dem Sinn).

Beschreiben Sie Ihre Ziele so genau, wie es Ihnen möglich ist! Es reicht übrigens, wenn Sie eine Hand voll guter Ziele finden. Lieber ein einziges wirklich lohnenswertes Ziel, das Sie auf jeden Fall anpacken werden, als zehn halbherzige.

Was möchten Sie erreichen?
→ Ziel 1:
→ Ziel 2:
→ Ziel 3:

Damit Ihre Ziele Sie wirklich zum Handeln herausfordern, müssen sie die folgenden Bedingungen erfüllen. Checken Sie jetzt bitte Ihre Ziele einzeln:

• Ist Ihr Ziel positiv formuliert?

Ihre Ziele sollten eindeutig aussagen, was Sie erreichen wollen und nicht, was Sie vermeiden wollen. Das ist für mich die wichtigste Regel. Warum? Denken Sie jetzt bitte einmal *nicht* an ein weißes Kaninchen! Was passiert? Vermutlich ist sofort ein Bild von einem knuddeligen langohrigen Mümmelmann vor Ihrem geistigen Auge erschienen. Das wäre ganz normal und liegt daran, dass unser Bewusstsein sich etwas nicht „nicht" vorstellen kann. Deshalb sind negativ formulierte Ziele so fatal, denn sie rücken genau das in den Fokus, was Sie nicht mehr wollen. Sie beißen sich an dem fest, was Sie eigentlich abstellen wollen.

Falls Sie also planen, bestimmte Angewohnheiten abzulegen, fragen Sie sich stets, was Sie stattdessen wollen. Welches Bild soll an die Stelle dessen treten, was Sie auszulöschen hoffen. Statt beispielsweise zu sagen: *„Ich will nicht mehr jeden Abend vor dem Fernseher verbringen"*, nehmen Sie sich besser vor, *„Ich werde abends Sport treiben / mit meinem Partner etwas unternehmen / ein Buch lesen"*. Oder statt *„Ich will mich nicht mehr überreden lassen, Dinge zu tun, die nicht zu meinem Aufgabengebiet gehören"*, besser *„Ich werde zukünftig auf Anträge, XY zu tun, „Nein" sagen"*.

• Ist es für Sie attraktiv, dieses Ziel zu erreichen?

Nachdem Sie das Ziel erreicht haben, werden Sie dann zufriedener, entspannter, gesünder sein? Und welche Bedeutung hätte das für Sie? Wie toll wäre es für Sie, wenn Sie Ihr Ziel tatsächlich erreichten? Wo läge Ihr Erfolg auf einer Skala von 1 (völlig uninteressant) bis 10 (eine äußerst bedeutsame Sache für mich)? Falls Sie diese Frage nicht mindestens mit 5 oder 6 beantworten können, lassen Sie es von vornherein. Erst recht, wenn das Erreichen dieses Ziels Sie viel Kraft und Zeit kosten würde. Schon die Aussicht darauf, etwas Positives für uns zu erreichen, setzt im Gehirn den Glücksbotenstoff Dopamin frei. Und ohne Dopamin wird's ein harter Weg.

• Können Sie sicher feststellen, wann Sie dieses Ziel erreicht haben?

Das Belohnungszentrum unseres Gehirns reagiert natürlich auch dann mit der Ausschüttung von Dopamin, wenn wir etwas erfolgreich abgeschlossen haben. Sie sollten also sicherstellen, dass Ihnen dieser Moment nicht entgeht. Sie benötigen folglich eine klare Vorstellung davon, wann Sie Ihr Ziel erreicht haben.

Bei manchen Zielen ist das leicht, weil sie objektiv messbar sind. Dies gilt z.B. für alle Diätziele. Wenn Sie sich vorgenommen haben, zehn Kilo abzuspecken, wird Ihre Waage Ihnen sehr präzise mitteilen, wann Sie Ihr Ziel erreicht haben.

Bei anderen Zielen ist das nicht so leicht. Wenn Sie sich z.B. vornehmen, selbstbewusster aufzutreten, werden Sie dafür nur schwer ein Maß finden. Sie sollten sich Hilfsgrößen überlegen, wie z.B.

→ *„Ich fühle eine größere Gelassenheit, wenn ich vor größeren Gruppen spreche."*
→ *„Ich ergreife in Meetings das Wort."*
→ *„Ich lasse mich nicht mehr unterbrechen."* (Vorsicht, positiv formulieren! Besser: *„Ich behalte das Wort, wenn andere mich unterbrechen wollen.")*
→ *„Ich spüre, dass andere mir respektvoller begegnen."* (Sie grüßen, fragen nach meiner Meinung etc.)

- Ist Ihr Ziel mit Augenmaß formuliert, also weder über- noch unterfordernd?

Ein Ziel, das Sie automatisch erreichen, ohne etwas dafür zu tun, nützt Ihnen nichts. Gleichzeitig sollte es Sie auch nicht abschrecken. Ich kenne nicht wenige, die sich ihre Ziele so hoch gehängt haben, dass sie sie nie erreichen konnten und deshalb vorsichtshalber erst gar nicht damit begonnen haben. Das ist einer der wirkungsvollsten Mechanismen, jede Veränderung zu vermeiden.

- Wissen Sie, bis wann Sie Ihr Ziel erreicht haben wollen?

Diese Regel dient vor allem dazu, die Verbindlichkeit zu steigern. Die Erfahrung zeigt, dass Dinge, die man sich vornimmt, „irgendwann" mal zu erledigen, niemals erledigt werden.

Vielleicht ist es sinnvoll, an dieser Stelle etwas über die Arbeit mit Zielen im Allgemeinen zu sagen. Zuerst: Ziele müssen nicht in Stein gemeißelt sein. Sie dürfen sich wandeln und anpassen und mit Ihnen reifen und wachsen. Und es geht auch nicht darum, jede Stunde an jedem Tag des Lebens irgendwelchen Zielen nachzujagen.

Ich gehe sogar noch einen Schritt weiter. Wenn es genau dieses Gefühl ist, getrieben von persönlichen Zielen zu sein, gehetzt von dem Druck, etwas erreichen zu müssen, dann lesen Sie hier nicht weiter. Tun Sie etwas anderes als das, was Sie immer tun! Lesen Sie z.B. zuerst Kapitel 7, in dem es um Entspannung geht.

Drei weitere Tipps:
→ Reduzieren Sie Ihre Ziele auf die ein bis zwei wichtigsten.
→ Prüfen Sie, ob Ihre Ziele wirklich attraktiv für *Sie* sind.
→ Verdoppeln Sie die Frist, die Sie sich gesetzt haben.

Wie Ihre Ziele am besten für Sie wirksam werden, erfahren Sie jetzt.

2.3 Von Sportlern lernen – Mentaltraining zur Wettkampfvorbereitung

Exkurs 4: Unser Unbewusstes – Der Schneeball auf dem Eisberg

Sigmund Freud sagte, unser Bewusstsein verhalte sich zu unserem Unbewussten wie die Spitze eines Eisbergs zu dem, was unter der Wasseroberfläche liege. Heute wissen wir, dass Freud sich ziemlich verschätzt hat. Unser Bewusstsein ist eher wie ein Schneeball, den man auf die Spitze des Eisbergs gelegt hat. Der weit größere Teil liegt darunter. Von den Milliarden Informationseinheiten, die wir in jeder Sekunde aus der Umwelt aufnehmen, gelangt nur ein Bruchteil in unser Bewusstsein. Der Rest wird unbewusst aufgenommen und gefiltert. Der Clou: Es geht dennoch kaum etwas verloren. Wann immer wir eine Situation bewerten oder eine Entscheidung treffen wollen, stets mischen sich Informationen aus dem Unbewussten in unsere Gedanken und Gefühle.

An der Universität von Iowa wurde folgendes Experiment gemacht: Testpersonen bekamen rote Spielkarten und blaue Spielkarten vorgelegt. Mit den roten konnten hohe Gewinne, aber auch empfindliche Verluste eingefahren werden. Mit den blauen hingegen konnten zwar nur moderate Gewinne, aber auch seltener und geringere Verluste erzielt werden. Davon wussten die Testpersonen natürlich nichts. Ihre Aufgabe: Ziehen Sie Karten Ihrer Wahl und gewinnen Sie möglichst viel. Nach durchschnittlich 50 gezogenen Karten hatten die Testpersonen verstanden, dass es langfristig besser war, blau zu ziehen und nach 80 Karten konnten sie formulieren, warum das so ist. Sie hatten reagiert, wie wir es gewohnt sind, nach und nach eine Theorie gebildet und getestet. Während des Experiments wurde bei den Kandidaten die Schweißabsonderung der Handflächen gemessen, um festzustellen, wie aufgeregt sie waren. Erstaunlicherweise konnte man schon nach durchschnittlich zehn Karten eine deutliche Reaktion messen, wenn nach einer roten Karte gegriffen wurde. Fazit: Lange vor ihrem Bewusstsein war den Testpersonen intuitiv klar, wie der Hase läuft. Dieses Beispiel und weitere verblüffende Informationen zu dem Thema finden Sie in dem Buch „Blink! Die Macht des Moments" von Malcolm Gladwell.

Die gute Nachricht ist, Sie können Ihr Unbewusstes für sich arbeiten lassen! Wie? Indem Sie Ihre Ziele reflektieren, sich bewusst machen, ausmalen und somit Ihrem Unbewussten vermitteln, wie wichtig sie Ihnen sind. So läuft Ihr innerer Kompass im Autopilot. Ihre Ziele werden Sie auf diese Weise leiten, ohne dass Sie sie ständig abfragen oder in Erinnerung rufen müssten.

Nutzen Sie Ihre Ziele im Autopilot! Die Voraussetzung dafür haben Sie geschaffen, wenn Sie Ihre Ziele klug formuliert haben. Vor allem die Frage, woran Sie erkennen, dass Sie Ihr Ziel erreicht haben, und die Frage, wie attraktiv Ihr Ziel für Sie ist, spielen hierfür eine entscheidende Rolle.

Mit der folgenden Übung können Sie Ihre Ziele unbewusst für sich arbeiten lassen. Dabei geht es darum, Ihre Vorstellungskraft zu nutzen. Dasselbe Prinzip nutzen Sportler in der Wettkampfvorbereitung. Vielleicht haben Sie bereits einmal Rodler oder Bobfahrer kurz vor dem Start beobachtet, wenn diese mit geschlossenen Augen den Kopf hin und her neigen. Sie nehmen gedanklich die Strecke vorweg, die sie fahren müssen. Und natürlich tun sie das in ihrem Geiste erfolgreich. Der positive Effekt gilt als gesichert.

Bevor Sie beginnen: Stellen Sie sicher, dass Sie ungestört sind. Vielleicht haben Sie passende Musik, die Sie dazu hören wollen. Mancher nimmt sich die Übung vorher auf Band auf.

→ Übung 4: Ziele visualisieren

Machen Sie es sich bequem. Finden Sie eine gute Position, in der Sie möglichst aufrecht sitzen können. Achten Sie darauf, dass Ihr Bauch frei ist, sodass Sie entspannt atmen können. Wenn Sie mögen, schließen Sie dabei die Augen.

Nehmen Sie einige tiefe Atemzüge.

Spüren Sie, wie die Luft durch Ihre Nase einströmt und sich in Ihrem Körper ausbreitet.

Spüren Sie, wie sie wieder entweicht und genießen Sie die angenehme Entspannung, die dabei eintritt.

Nach dem Ausatmen macht die Atmung eine kurze Pause, bis Sie erneut einatmen. Diese Phase ist besonders angenehm. Spüren Sie auch hier die wohltuende Entspannung in Ihrem Körper.

Wiederholen Sie dies, so oft es Ihnen angenehm ist.

Sie sind nun ruhig und entspannt.

Stellen Sie sich nun Ihr Ziel vor! Um was geht es dabei? Was wollen Sie erreichen?

Stellen Sie sich vor, Sie würden Ihren bequemen Platz, auf dem Sie jetzt sitzen, verlassen, Ihr Leben geht weiter und Sie arbeiten daran, Ihr Ziel zu erreichen.

Sie strengen sich an und Sie überwinden Hindernisse und Rückschlä-ge, die es auf jeder Reise gibt. Das gibt Ihnen zusätzlich Auftrieb.

Und dann haben Sie es geschafft! Sie haben Ihr Ziel erreicht, Sie sind erfolgreich und das Gefühl ist richtig gut!

→ *Was ist jetzt anders als vorher?*

→ *Welchen Unterschied macht das für Sie?*

→ *Was tun Sie anders als vorher?*

→ *Wie fühlt es sich an, es geschafft zu haben?*

→ *Welche positiven Reaktionen erhalten Sie darauf von anderen?*

→ *Welche Ihrer Fähigkeiten und Eigenschaften haben Ihnen be-sonders geholfen, das zu schaffen?*

Spüren Sie noch eine Weile dem guten Gefühl nach, das damit ver-bunden ist, es geschafft zu haben.

Jetzt, da Sie wissen, was auf Sie zukommt, nehmen Sie den positiven Eindruck mit ins Hier und Jetzt zurück.

Nehmen Sie noch einige tiefe und entspannte Atemzüge.

Strecken und recken Sie sich.

Öffnen Sie die Augen.

Wiederholen Sie diese Übung, wann immer Sie mögen.

2.4 Aufgaben priorisieren

Bitte erinnern Sie sich: Im Zeitmanagement geht es darum, Fahrt aufzunehmen in die richtige Richtung. Um Ihren Zielen näher zu kommen, müssen Sie bestimmte Dinge mehr tun und andere weniger. Und genau hier liegt die Herausforderung. Wie er-wähnt, hält der Tag nur eine bestimmte Anzahl Stunden für Sie bereit. Wie wollen Sie diese Stunden füllen?

Wenn Sie wissen, wohin Sie wollen, dann lautet für Sie die nächste Frage:

→ *„In welchen Aufgaben / Tätigkeiten muss ich besonders gut sein, um Erfolg zu ha-ben / meine Ziele zu erreichen?"*

→ Übung 5: Schlüsselaufgaben identifizieren

→ *Erstellen Sie eine Liste mit Ihren Aufgaben und Tätigkeiten! Versuchen Sie einen guten „Auflösungsgrad" zu finden. Das bedeutet, fassen Sie nicht zu grob zusammen, aber werden Sie auch nicht zu detailliert. Ich empfehle, hierzu eine Mindmap anzulegen (vgl. Kap. 3.7).*

→ *Beachten Sie, es geht nicht nur um eine Bestandsaufnahme! Denken Sie auch an Tätigkeiten, die Sie neu hinzunehmen möchten. Kurz: Worin müssen Sie Ihre Energie lenken, um Ihre Ziele zu erreichen? Stellen Sie sich die Frage: Angenommen, Sie wären erfolgreich, wie wären Sie dahin gekommen? Was hätten Sie konkret dafür getan?*

→ *Vergeben Sie Punkte! Wie wichtig sind diese einzelnen Aufgaben für Ihren Erfolg auf einer Skala von 1 (unwichtig) bis 10 (sehr wichtig)?*

→ *Gehen Sie noch einen Schritt weiter: Bringen Sie diese Aufgaben oder Tätigkeiten in eine eindeutige Rangfolge von erstens (am wichtigsten) bis X (am wenigsten wichtig)! Auf diese Weise sollte es Ihnen leichter fallen, im Alltag Wichtiges von Unwichtigem zu unterscheiden.*

Exkurs 5: Wichtigkeit versus Dringlichkeit

Der ehemalige Präsident der Vereinigten Staaten Dwight D. Eisenhower unterschied seine Aufgaben nach Wichtigkeit und Dringlichkeit. Ich erlebe es oft, dass beides gleichgesetzt wird. Meistens so, dass jemand wichtig sagt, aber dringlich meint: *„Ich muss das unbedingt fertigmachen, das ist total wichtig, bis zwölf Uhr will mein Kollege das haben!"* Dringlich ist etwas, das einen Termin hat, den es kurzfristig zu halten gilt. Wichtig ist etwas, das dazu führt, dass ich meine Ziele erreiche. Aus wichtig/unwichtig und dringlich / nicht dringlich lassen sich vier mögliche Kombinationen bilden (siehe Abbildung).

→ **A-Aufgaben** sind wichtig und dringend. Es kann kein Zweifel bestehen, dass Sie diese Aufgaben selbst und sofort anpacken müssen.

→ **C-Aufgaben** sind dringend, aber nicht so wichtig. Es handelt sich häufig um Routine- oder Pflichtaufgaben. Hier gilt es, Augenmaß zu beweisen. Überlegen Sie sich, ob nicht einige davon auch mal verschoben oder ganz aufgegeben werden können, um Luft für Wichtigeres zu haben.

→ **D-Aufgaben** sind weder wichtig noch dringend. Machen Sie einen Sport daraus, diese herauszufiltern und aufzugeben.

→ **B-Aufgaben** sind wichtig, aber nicht dringend. Hier wird es spannend! Es lohnt sich, diesen Aufgabentypus genauer unter die Lupe zu nehmen. Zur Erinnerung, „wichtig" bedeutet, dass diese Aufgabe das Potenzial hat, Sie Ihren Zielen näherzubringen. Leider ist es meistens so, dass etwas, was nicht dringend ist, nicht erledigt wird. Dumm nur, dass manche B-Aufgaben irgendwann dringlich – und damit zu A-Aufgaben – werden. Es ist also aus zwei Gründen sinnvoll, sich rechtzeitig um B-Aufgaben zu kümmern. Erstens verhindern Sie, dass Sie A-Aufgaben anhäufen, die natürlich sehr geeignet sind, Stress auszulösen. Zweitens können Sie Potenziale nutzen, die Sie vielleicht einen großen Schritt voranbringen.

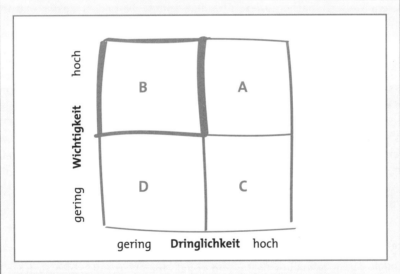

Die Eisenhower-Matrix

Wie können Sie diese Matrix nutzen?

→ Erkennen Sie Ihre eigenen A-, B-, C- und D-Aufgaben!

→ Bearbeiten Sie A-Aufgaben zügig und der Reihe nach.

→ Planen Sie Zeit in Ihrer Woche für B-Aufgaben ein und geben Sie diesen Termine.

→ Sortieren Sie C und D großzügig aus.

2.5 Get Going

Mit dem großen Ganzen Ihrer Ziele und Wünsche haben Sie sich jetzt sehr intensiv auseinandergesetzt. Die nächste Frage ist jetzt: Womit anfangen? Vor dieser Entscheidung stehen wir jeden Tag aufs Neue. Sie ist nicht ganz einfach und sehr drängend. Wie wir die Aufgabenbearbeitung beginnen, kann sehr stark den weiteren Tagesablauf beeinflussen.

Fünf Erfolg versprechende Strategien möchte ich Ihnen vorstellen.

- **Der Schmetterling**

Der Schmetterling flattert hin und her und sammelt an den schönsten Blüten den Nektar ein. Warum nicht den Tag im Büro damit beginnen, von einem zum anderen zu ziehen, einen kleinen Plausch zu halten, vielleicht einen Kaffee gemeinsam zu trinken. Neben der sozialen Fellpflege entsteht so auch die Gelegenheit, relevante Informationen zu geben und zu erlangen. Erwiesenermaßen gibt es wenig, das so stark motiviert wie positive soziale Kontakte. Wichtig ist zu spüren, wann es an der Zeit ist, mit etwas anderem weiterzumachen. Diese Strategie könnte besonders flexibel-intuitiven Menschen gefallen.

- **Der Hamster**

Der Hamster stopft sich die Backen mit Körnern voll. Beginnen Sie den Tag, indem Sie viele kleine Aufgaben von Ihrer Liste erledigen. Das können ruhig auch C-Aufgaben sein. Sie erhalten gleich zu Beginn das Gefühl, richtig etwas geschafft zu haben. „Quick wins" nenne ich das. Sie erinnern sich: Unser Gehirn belohnt uns mit Dopamin, wenn wir etwas erreicht haben. Das funktioniert auch im Kleinen und kann uns so einen echten Push für den Tag geben. Gerade an Tagen, an denen Ihnen wirklich die Motivation fehlt, mit etwas Großem und Wichtigem anzufangen, können Sie so Fahrt aufnehmen.

- **Der Biber**

Der Biber gilt als besonders fleißig und er hat einen Plan. Fällen also auch Sie Ihre dicksten Bäume zuerst, damit Ihr Damm stabil wird. Schreiben Sie eine Rangliste von eins bis zehn mit den Dingen, die Sie erledigen wollen und ordnen Sie diese nach ihrer Wichtigkeit. Kein Platz darf zweimal vergeben sein. Beginnen Sie dann mit dem, was ganz oben steht und fahren Sie in der Reihe fort. So stellen Sie sicher, dass die wichtigsten Dinge erledigt werden. Was Sie an dem Tag nicht schaffen, übertragen Sie in den Folgetag usw. Sie werden merken, wie effektiv Sie auf diese Weise werden. Auf der anderen Seite erfordert dieses Vorgehen ein gutes Maß an Selbstdisziplin. Strukturiert-analytische Menschen sind mit dieser Strategie sehr erfolgreich. Für Flexibel-intuitive – besonders wenn sie entwickelnd-bearbeitend oder führend-koordinierend tätig sind – kann ich mir folgende Variante vorstellen:

→ Sortieren Sie Ihre Aufgabenliste für den Tag.

→ Legen Sie fest, was die drei wichtigsten Dinge sind, die Sie heute auf jeden Fall schaffen müssen.

→ Nehmen Sie sich vor, das erste davon morgens noch vor Ihrer ersten E-Mail-Runde zu erledigen.

• Das Chamäleon

Das Chamäleon, wie jede Echse, liegt in der Sonne und braucht Wärme, um auf Betriebstemperatur zu kommen. Es spürt, wann der richtige Zeitpunkt gekommen ist, loszulegen. Wenn Sie es dem Chamäleon gleichtun wollen, dann nehmen Sie Ihre Aufgabenliste her. Überfliegen Sie diese zunächst, um sich einen Überblick zu verschaffen, was alles ansteht, und gehen Sie sie dann Aufgabe für Aufgabe noch einmal langsam durch – ganz locker, ohne einen besonderen Fokus. Ich wette, irgendeine Aufgabe wird Ihnen ins Auge springen und Sie werden intuitiv wissen, was zu tun ist. Überlassen Sie es einfach Ihrem Unterbewusstsein, Ihrem Bauchgefühl, die richtige Wahl zu treffen. Das ist die klassische Strategie der Flexibel-intuitiven. Ich kann allerdings jedem strukturiert-analytischen Menschen nur wärmstens empfehlen, sie auch einmal auszuprobieren.

• Der Storch

Störche fressen Frösche. Schlucken Sie zu Beginn des Tages eine dicke Kröte und Sie wissen, dass es nicht mehr schlimmer kommen kann. „*Eat that Frog!*", sagt der Amerikaner. Was ist also das Unangenehmste, von dem Sie ausgehen, dass Sie es heute tun sollten? Erledigen Sie es und Sie gewinnen Energie, weil Sie stolz auf sich sein dürfen (Dopamin!). Außerdem gewinnen Sie Zeit, weil das Unangenehme, das Sie aufschieben, sich sonst immer wieder in Ihr Bewusstsein mogeln wird. Ein schlechtes Gewissen raubt Energie, Konzentration und letztlich Zeit.

Jede dieser Strategien hat etwas für und wider. Es hängt nicht zuletzt von Ihrer Persönlichkeit (vgl. Kap. 1.1) ab, welcher Weg Ihnen näher ist. Ich selbst lege mich gar nicht auf eine Strategie fest, sondern wechsle sie je nach Tagesform und Art meiner Aufgaben.

2.6 Risiken und Nebenwirkungen

Ziele helfen, Ziele zu erreichen! Ich habe weiter vorne bereits darauf hingewiesen, dass der unsachgemäße Umgang mit Zielen auch Stress auslösen kann. Sich überraschen lassen und offen zu sein für Unverhofftes, das wünsche ich jedem. Und genauso wünsche ich jedem, seine Ziele zu erreichen.

Zum Ende dieses Kapitels dazu eine kleine Geschichte:

Das Glück war es leid, von niemandem gefordert zu werden und den ganzen Tag nur auf der faulen Haut zu liegen. Also machte es sich auf, um jemanden zu finden, den es beglücken konnte.

Es kam in ein Land, dessen Bewohner setzten sich ständig hochgesteckte Ziele, betrieben den lieben langen Tag zum Zwecke der Gewinnmaximierung ein perfektioniertes Zeitmanagement, legten Businesspläne auf und arbeiteten bis tief in die Nacht ihre To-do-Listen ab, um noch erfolgreicher und noch glücklicher zu werden. Und wenn sie in dieser ganzen Hektik einmal Zeit fanden, miteinander zu reden, führten sie Zielvereinbarungsgespräche.

„Nein", dachte das Glück bei sich, „dieser auf Hochtouren betriebene Leerlauf, diese verbissene Zielstrebigkeit und dieses neidische Schielen auf den Erfolg der anderen sind nichts für mich", und zog weiter.

Da kam es in ein Land, dessen Bewohner haderten den lieben langen Tag mit ihrem Schicksal, entwarfen bis tief in die Nacht Worst-Case-Szenarien und bejammerten ihre Machtlosigkeit angesichts der unglücklichen Umstände. Und wenn sie einmal der lähmenden Klammer ihres Selbstmitleids entkamen, verzweifelten sie gemeinsam vor den Bad-News-Visions, die die Katastrophenmeldungen aus den anderen Landesteilen verbreiteten.

„Nein", dachte das Glück bei sich, „diese inaktiven Pessimisten, die keinen Finger rühren, um ihre Lage zu verbessern, diese Schicksalsgläubigen und üblen Grübler haben mich auch nicht verdient."

Es wollte schon verzweifeln, als es auf der Grenze zwischen den beiden Ländern ein kleines Haus entdeckte, in dem eine Frau und ein Mann aus jeweils einem der Länder zusammenlebten. Diese zwei übten sich in Chancenmanagement und gönnten sich auch schon einmal Auszeiten, um sich auf das ihnen Wesentliche zu besinnen. Erlebten sie Misserfolge und Rückschläge, wandelten sie Verhalten und Strategie und suchten nach neuen Möglichkeiten. Und wenn sie jeden Abend beieinandersaßen, träumten sie zusammen, erzählten sich von ihren Wünschen und Hoffnungen und schmiedeten Pläne, wie sie zu realisieren seien.

Hier verweilte das Glück und schüttete sein Füllhorn aus.

3 Aufgaben bearbeiten –

Wie Sie planen, was Sie wann tun

Planung ist die Übersetzung von Zielen und Prioritäten in Aktivitäten. **Aktivitäten** haben stets einen Zeitraum, innerhalb dessen sie ausgeführt werden. Einfach gesagt, geht es darum, was ich wann mache. Wozu sollte ich planen? Um mehr von den Dingen zu schaffen, die mir wichtig sind. Und um für andere ein verlässlicher Partner zu sein.

Planung ist keine große Zauberei. Übergeordnet geht es stets darum, einen einfachen Management-Zirkel zu durchlaufen (siehe Abbildung): Zielformulierung – Planung/ Organisation – Umsetzung – Kontrolle/Evaluation.

Der Management-Zirkel

Dabei hilft es Ihnen, sich an einigen Planungsprinzipien zu orientieren. Bevor ich Ihnen diese vorstelle, schlage ich vor, Sie prüfen einmal, wie viel Ihnen davon bereits geläufig ist. Zu diesem Zweck habe ich Ihnen einen Fall beschrieben, der es in sich hat. Dieser Fall ist natürlich rein fiktiv, aber nicht wenige Seminarteilnehmer haben darin bereits nette Kollegen wiedererkannt.

3.1 Fallstudie: Herr Sorgenvoll

Gehen Sie folgenden Tagesplan und das, was tatsächlich geschehen ist, durch!
- → Welche Fehler in der Planung und in der Umsetzung hat Herr Sorgenvoll Ihrer Meinung nach gemacht?
- → Wie würden Sie diesen Tag für Herrn Sorgenvoll stattdessen planen? Angenommen, Sie könnten seinen Tag nach Ihren Vorstellungen neu planen, wie sähe er dann aus?
  Sie sind völlig frei, zu streichen, zu ergänzen, zu verändern.
- → Was würden Sie ihm ganz allgemein raten, um effektiver und effizienter arbeiten zu können?

Herr Hubert Sorgenvoll:
- → 43 Jahre alt, verheiratet (noch), Sohn (15 Jahre), Tochter (zehn Jahre)
- → Kaufmännische Ausbildung, Fortbildung zum Projektmanager
- → Firma Fineline GmbH: fertigt und vertreibt hochwertige Schreibgeräte, 400 Mitarbeiter
- → Herr Sorgenvoll hat keine Sekretärin
- → Dies ist ein ganz normaler Montag ...

Die Planung von Herrn Sorgenvoll für heute!

Zeit	Tagesplanung	Anmerkungen
08:00	Mails checken, Tag planen	Mal sehen, was noch so reinkommt ...
08:30	Meeting Projekt „Bulgarien"	Erfolgsprognose gering; Umsatzerwartung niedrig
09:30	Meeting Projekt „Moskau"	Der Geschäftspartner in Russland hat Kohle und will sie ausgeben ... Könnte was werden
10:30	Telefonkonferenz mit Madrid	Das Projekt läuft aus und wird wohl nicht verlängert; wenn man die mal nur verstehen könnte ...
11:00	Arbeit an Projektskizze „Moskau"	Knifflige Angelegenheit, sehr komplexes Thema; perspektivisch sehr wichtig für das Projekt, damit kann ich mich positionieren
12:30	Mittag mit Eggli	Muss mal wieder was fürs Networking tun
14:00	Sitzung aller Projektmanager	Leider absolut notwendig, es gibt heiße Infos; meist recht langatmig Agenda: 1. Kommunikation im Team 2. Informationsfluss in der Premium-Linie 3. Budget Moskau 4. Neuer Mitarbeiter im Projektteam 5. Verschiedenes
14:45	Routineaufgaben, Projektreports	
16:00	Besprechung mit Herrn Huber	Müssen Präsentation für Projektabschluss „Madrid" durchgehen; der Huber will das immer so penibel haben ...

	... Danach weiter Reports	
18:00	Feierabend	
	Abendessen mit Familie	
20:15	Sport	

... Und was dann tatsächlich passiert ist!

Zeit	Tagesplanung	Anmerkungen
08:00	Mails checken	Wichtige Mail von Baumann (Vertrieb); musste ich unbedingt noch beantworten
08:53	Meeting Projekt „Bulgarien"	Komme etwas zu spät, Stimmung ist aufgeladen, weil das Projekt bereits zwei Monate hinter der Zeitleiste ist => muss Konfliktmanagement machen
09:27		(Müssen das Meeting zum Projekt Moskau auf 17:00 Uhr verlegen)
10:10	Mails gecheckt, dazwischen kurz zwei Anrufe gemacht	Puuh, wieder so einige Infos; das muss ich aber später bearbeiten ...
10:36	Telefonkonferenz mit Madrid	Die kapieren echt nie, was wir wollen ...
11:30	Arbeit an Projektskizze „Moskau"	Mist! Hätte eigentlich die Infos aus dem Meeting gebraucht. Mal sehen, wie weit ich so komme ... Drei längere Telefonate kommen rein (11:45 / 12:30 / 13:30), u.a. der Chef, der mir wegen Bulgarien im Nacken sitzt. Ich soll schnell noch eine Mail nach Sofia schreiben. Schreibe zwei Seiten! Ich wette, das hätte Zeit bis nächste Woche gehabt Baumann hat geantwortet. Maile schnell noch meine Anmerkungen zurück. Wo ist nur die Zeit hin...?
13:45	Mittag	Fällt aus! Currywurst, Pommes beim City-Grill

14:10	Sitzung aller Pro-jektmanager	Schlafe fast ein; das zieht sich aber wieder alles ewig in die Länge! Wir halten uns schon 30 Minuten damit auf, dass Wächter und Bücher irgendeinen Zwist austragen. Wir anderen schauen zu ... Ob wir noch zum Budget Moskau kommen? Aber was soll da überhaupt besprochen werden?
15:15	Ende der Sitzung	Haben Moskau tatsächlich noch andiskutiert; jetzt muss ich das noch mit Schmidt und Meier vertiefen Dazwischen schnell nochmal drei Anrufe
15:57	Routineaufgaben	Gehen mir zügig von der Hand (die „zweite Luft"; meine stärkste Phase am Nachmittag)
16:33		Mist! Besprechung mit Huber vergessen!
17:07	Meeting Projekt „Moskau"	Wird auf morgen verschoben! Können die sich denn nicht einmal an die Absprachen halten ...? Na dann eben früher Feierabend
17:15	Mails gecheckt	Verdammt, der Baumann schon wieder! Jetzt braucht der noch unbedingt eine Preiskalkulation. Das wird knapp ...
19:30	Feierabend	
20:15	Sport	Keinen Bock mehr!

Ihr Vorschlag:

Zeit	Tagesplanung	Anmerkungen

Nun, was schlagen Sie vor? Vielleicht kam Ihnen in den Sinn, dass Herr Sorgenvoll aufpassen sollte, wichtigen Dingen, wie z.B. dem Moskau-Projekt, Vorrang zu geben. Sollte er sich eventuell stärker an seinen eigenen Plan halten und sollte dieser mehr oder weniger Pufferzeiten beinhalten? Und wie hilfreich könnte es sein, bestimmte Aufgaben zu Aufgabenblöcken zusammenzuführen? Mit all dem könnten Sie Recht haben.

Wenn es darum geht, möglichst viel von den richtigen Dingen in der zur Verfügung stehenden Zeit zu erledigen, und dabei ein möglichst gutes Gefühl zu haben, dann empfehle ich Ihnen, die folgenden Prinzipien zu berücksichtigen.

3.2 Behalten Sie Ihre Ziele im Auge

Im vorangegangenen Kapitel ging es um das Thema Ziele und Prioritäten. Die Planung folgt immer der Zielbestimmung und nicht andersherum. Stellen Sie also sicher, dass Sie genug Zeit einplanen für die Dinge, die Ihnen wichtig sind und die Ihnen Spaß machen. Dazu ein ganz handfester Tipp:

Planen Sie stets zuerst Ihre Woche und erst dann Ihren Tag!

Bitte bedenken Sie: Je kürzer Ihr Planungszeitraum ist, desto mehr Bedeutung werden Sie der Dringlichkeit von Aufgaben beimessen. Bei einem Tagesplan werden Sie sich automatisch die Frage stellen. Was muss ich heute unbedingt erledigen? Sie werden prüfen, welche Berichte Sie bis heute abliefern, welche Meetings Sie heute gut vorbereitet besuchen müssen und welche Telefonate sich nicht mehr aufschieben lassen. Das alles kann natürlich auch sehr wichtig sein. Muss es aber nicht. Und genau hier liegt der Haken. Plötzlich erhält die Dringlichkeit Vorfahrt.

Anders ist es bei der Wochenplanung. Setzen Sie sich vor Beginn der neuen Arbeitswoche hin und überlegen Sie sich, was Sie in der kommenden Woche gerne erledigt haben wollen. Mit etwas Ruhe finden Sie bestimmt auch Raum für die B-Aufgaben (wichtig, aber nicht dringend). Wie gesagt, die Energie folgt der Aufmerksamkeit. Wenn Sie also mit dem Wochenplan die wichtigen Dinge in den Blick nehmen, dann haben Sie den ersten Schritt getan, diese auch umzusetzen.

→ **Übung 6: Wochenplanung**

Ein Wochenplan besteht nicht aus fünf bis sieben aneinandergehängten Tagesplänen. Es ist viel einfacher als das.

→ *Wählen Sie aus der Liste Ihrer persönlichen Ziele bzw. Ihrer Schlüsselaufgaben eines bis maximal drei aus.*

→ *Sie werden vielleicht nicht das ganze Ziel innerhalb einer Woche erreichen. Beschreiben Sie daher Ihr(e)* Wochenziel(e): *Was wollen Sie in dieser Woche erreichen? Wie weit wollen Sie kommen? Beschreiben Sie das so nachvollziehbar wie möglich, damit Sie es auch bemerken, wenn Sie es erreicht haben.*

→ *Wählen Sie* Zeitinseln *aus: Zu welchem Zeitpunkt wollen Sie sich damit befassen?*

→ *Auf einer Skala von 1 bis 10: Angenommen, Sie würden Ihr(e) Ziel(e) erreichen, wie* nützlich *wäre das für Sie?*

→ *Überlegen Sie sich, welche „guten Gründe" Sie davon abhalten dürften? Und was wäre dann Ihr* „Plan B"?

3.3 Planen Sie Zeitpuffer ein

Planung bedeutet nicht, den gesamten Tag in einen festen Ablauf zu drücken. *„Leben ist das, was passiert, während du andere Dinge planst"*, wusste John Lennon. Mit anderen Worten, es geschieht zu jeder Zeit so viel um uns herum, dass ein minutiöser Plan schnell hinfällig wäre. Welches Maß an Planung brauchen Sie? Viel hängt davon ab, in welchem Arbeitsmodus Sie arbeiten (siehe Kapitel 1.2) und wie Sie persönlich „gestrickt" sind (siehe Kapitel 1.1). Jedes Arbeitsumfeld hat seine eigenen Maße an Planungsnotwendigkeit und Planungsmöglichkeit.

Also stellen Sie sich bitte die Fragen:
→ *„Wie detailliert muss ich meinen Tag planen?"*
→ *„Wie detailliert kann ich meinen Tag planen?"*

Auch wenn es Ihnen als strukturiert-analytischem Menschen geradezu Spaß macht, intensiv zu planen, würde ich empfehlen, Augenmaß zu behalten. Man kann nämlich auch überplanen. Wenn ich jeden Tag eine Stunde in die Planung meines Tages investiere, stehen Planungszeit und Nutzen der Planung in keinem guten Verhältnis.

Experiment: Innerer Konflikt

Stellen Sie sich einmal vor, Sie würden vollkommen unvorbereitet in ein wichtiges Meeting gehen. Sie würden sich ausschließlich auf Ihre Flexibilität und auf Ihre Fähigkeit verlassen, in der Situation angemessen zu reagieren. Ohne Netz und doppelten Boden.

Wie geht es Ihnen bei diesem Gedanken? Motiviert Sie die Herausforderung? Oder machen sich unangenehme körperliche Empfindungen breit? Das wäre ein Hinweis darauf, dass sich in Ihnen etwas wehrt. Es lohnt sich, dem nachzuspüren. Oft meldet sich dabei ein innerer Antreiber.

Für flexibel-intuitive Menschen ist Planung – und sich dann auch noch daran halten zu müssen – oft ein Graus. Hier könnten wir das Experiment umdrehen. Stellen Sie sich vor, Sie würden vor dem wichtigen Meeting Ziele festlegen, eine zeitlich getaktete Agenda erstellen und die Raumausstattung checken. Kribbelt es da?

Planung und Flexibilität schließen sich nicht gegenseitig aus. Im Gegenteil, sie brauchen einander. Mit etwas mehr Planung, mit einigen wenigen Stichworten, einem groben Zeitplan lässt sich die eigene Kreativität viel stärker zur Geltung bringen. Und mit etwas Flexibilität und Offenheit vermeiden Sie, dass Ihr Plan wie ein Kartenhaus in sich zusammenfällt, sobald etwas Unvorhergesehenes eintritt.

Wie viel Puffer sollte man nun in seinen Tagesplan einrechnen? Meist wird als Faustregel ein Verhältnis von 60 zu 40 vorgeschlagen. Ich empfehle Ihnen, das individuell zu prüfen. Wie viel Puffer brauchen Sie wirklich? Wie viel Puffer wollen Sie haben?

→ **Übung 7: Zeitpuffer einplanen**

Wenn Sie das „Tagebuch der persönlichen Zeitverwendung" (siehe Übung 1) geführt haben, haben Sie eine gute Datenbasis für diese Aufgabe.

Ich unterscheide:

- → *Geplante Aktivitäten*

- → *Spontane Aktivitäten (nicht geplant, aber selbstbestimmt; z.B. Kommunikation, soziale Kontakte, Führungsaktivitäten etc.)*

- → *Unerwartete Aktivitäten (nicht planbar und fremdbestimmt; z.B. Unterbrechungen, Aufträge vom Chef etc.)*

Wie viel Zeit verwenden Sie im Durchschnitt täglich auf geplante, spontane und unerwartete Aktivitäten?

Wenn Ihnen diese Einschätzung schwerfällt, blicken Sie doch erst einmal nur auf einen Tag – beispielsweise heute oder gestern. Wie viel Prozent Ihres Arbeitstages machen die Aktivitäten aus? Beispielsweise 30 Prozent geplant + 25 Prozent spontan + 45 Prozent unerwartet – insgesamt = 100 Prozent. Tragen Sie dies aufaddiert in die Grafik ein.

geplante Aktivitäten	spontane Aktivitäten	unerwartete Aktivitäten	Tagessumme
30 %	25 %	45 %	100 %

Falls Ihnen das angemessen erscheint, gut so.
Falls nicht, wie würden Sie die Aufteilung gerne verändert sehen?

→ *Haben Sie das schon einmal so erreicht?*
  Vielleicht zumindest in kleinen Teilen?
→ *Wie haben Sie das angestellt?*
→ *Wie könnten Sie das wiederholen und verstetigen?*

3.4 Gehen Sie strategisch vor

Geben Sie Ihrem Tag einen Rhythmus

Ein Tag hält viele Unwägbarkeiten für uns bereit. Ich habe dazu unterschiedliche Erfahrungen gemacht. Manchmal finde ich es angenehm, den Tag einfach auf mich zukommen zu lassen und auf den Wellen des Lebens zu surfen. Das kann sehr entspannend und vor allem inspirierend sein, denn ich verspüre auf diese Weise eine große Offenheit für neue Einflüsse.

Dann wiederum gibt es Tage, an denen ich bestimmte Dinge einfach anpacken und erledigen muss. In dem Fall brauche ich eine andere Herangehensweise. Für diese Tage gibt es verschiedene Strategien:

- **Bilden Sie Aufgabenblöcke**

Vom zeitökonomischen Standpunkt aus macht es Sinn, Aufgaben zu Blöcken zusammenzufassen. Wenn Sie sich konzentriert mit einem Projekt befassen anstatt zwischen fünfen hin- und herzuspringen, dann müssen Sie sich nicht immer wieder neu in ein Thema hineindenken. Das spart Zeit und hilft vor allem strukturiert-analytischen Menschen und Menschen, die viel im führend-koordinierenden Modus arbeiten.

Denkbar sind zwei Arten, Aufgaben zu Blöcken zusammenzufassen:
→ Bilden Sie Aufgabenblöcke nach Projekten: **Planen Sie alles, was zu demselben** Projekt gehört, zusammen zu erledigen. Herr Sorgenvoll aus unserer Fallstudie eingangs dieses Kapitels hätte beispielsweise alles, was das Projekt „Moskau" betrifft, in einem einzigen Arbeitsgang erledigen können. Damit hätte er den nötigen Überblick behalten und Schwierigkeiten vorhersehen können.

→ Bilden Sie Aufgabenblöcke nach der Art der Tätigkeit: **Gewöhnen Sie sich z.B.** an, Ihre E-Mails en bloc zu bearbeiten. Stellen Sie sich eine Telefonliste zusammen und telefonieren Sie diese durch. Sie werden merken, dass es einen Unterschied macht, ob Sie immer wieder eine andere Tätigkeit beginnen oder ob Sie in einem bestimmten Aktivitätsmodus bleiben. Ich persönlich erledige z.B. Kundenanrufe gerne gebündelt. Ich komme dann schnell in „Telefonstimmung" und das hilft mir.

• **Wechseln Sie zwischen Qualitäts- und Quantitätstätigkeiten hin und her**

Qualitätstätigkeiten sind wichtig für Ihren Erfolg. Sie erfordern Kreativität, Konzentration und Begeisterung. Für mich sind dies z.B. Kundentelefonate, Konzepte entwickeln, Seminare vorbereiten, Texte schreiben. Quantitätstätigkeiten sind weniger erfolgskritisch. Sie sind meist recht kleinteilig und verlangen nach zügiger Erledigung. Dies sind für mich z.B. Rechnungen verschicken, E-Mails bearbeiten, Protokolle erstellen etc.

Es ist eine gute Idee, diese Dinge im Wechsel zu betreiben. Nach einer Phase, in der ich mich intensiv mit Qualitätsaufgaben beschäftigt habe, brauche ich ohnehin meist etwas Abstand und einen Wechsel. Dann gehe ich z.B. mein Postfach durch. Irgendwann wird der Impuls dann wieder stark genug, etwas Qualitatives zu tun und dem komme ich dann nach.

Ihr Tag „atmet"! Energie aufnehmen und abgeben, einatmen und ausatmen wechseln sich in regelmäßigem Rhythmus ab. Diese Strategie wird erfolgreich verwendet von Menschen, die flexibel-intuitiv veranlagt sind und von Menschen, die überwiegend entwickelnd-bearbeitend arbeiten.

Welches sind Ihre Qualitäts- und Quantitätstätigkeiten?

• **Gliedern Sie Ihren Tag in Abschnitte**

Jede Reise gliedert sich in Etappen. Niemand käme auf die Idee, in einem Rutsch von Hamburg nach München zu wandern. Tagesplanung ist ein bisschen wie Routenplanung. Indem Sie Ihren Tag in kleinere Abschnitte unterteilen, wird er leichter „verdaulich".

Unterteilen Sie Ihren Tag z.B. in fünf Abschnitte à drei Stunden:
→ 07.00 – 10.00 Uhr
→ 10.00 – 13.00 Uhr
→ 13.00 – 16.00 Uhr
→ 16.00 – 19.00 Uhr
→ 19.00 – 22.00 Uhr

Überlegen Sie sich, welche Überschrift der jeweilige Abschnitt tragen könnte. Beispielsweise *„Endlich durch mit der Steuererklärung"* oder *„Sei ein Storch, schluck den Frosch"* oder *„Abschalten und entspannen"* oder *„Wichtige Kunden ansprechen"*. Wie so oft gilt auch hier, formulieren Sie die Überschriften positiv! Klingt nach viel gedanklicher Vorarbeit? Nicht unbedingt. Es reicht nämlich vollkommen, wenn Sie sich jeweils zu Beginn der Etappe überlegen, was jetzt ansteht und unter welcher Überschrift die kommenden drei Stunden stehen sollen.

Für flexibel-intuitive Menschen ist das ein guter Kompromiss, der dem Tag ein Grundgerüst verleiht.

Für Menschen, die vor allem unterstützend-ausführend arbeiten, könnten die Intervalle auch kürzer sein, z.B.

→ 07.00 – 08.00 Uhr: Ankommen / Überblick gewinnen
→ 08.00 – 09.00 Uhr: Morgenrunde mit dem Chef
→ 09.00 – 10.00 Uhr: Korrespondenz rausschaffen
→ 10.00 – 12.00 Uhr: High Noon am Telefon
→ 12.00 – 13.00 Uhr: Energie tanken am Mittag
→ 13.00 – 15.00 Uhr: Kleinkram wegarbeiten
→ (…)

Wie Sie vielleicht merken, spielen Ihre Persönlichkeit und Ihr Arbeitsmodus bei der Wahl der Methode eine wichtige Rolle. Wer eher strukturiert-analytisch unterwegs ist, dem wird es leichtfallen, bei einer Sache zu bleiben und Blöcke zu bilden. Doch in manchen Köpfen springen die Gedanken schneller. Neue Ideen, neue Assoziationen, neue Fragen tauchen plötzlich auf. Dann muss dem nachgegangen werden, bevor man zum Ausgangspunkt zurückkehren kann – oder ganz woanders landet. Das finde ich nicht nur charmant, das freie Spiel der Gedanken führt auch zu Innovationen und kreativen Ideen. Und das kann sehr effektiv sein.

Ein Tipp für Kreative: Stellen Sie sich einen visuellen Anker auf den Arbeitsplatz – eine bunte Mappe, ein Post-it – etwas, das Sie daran erinnert, nach einer Zeit des freien Spiels der Gedanken wieder zu Ihrer geplanten Aufgabe zurückzukehren.

Planen Sie Pausen ein

Aufgabenblöcke, aktive und reaktive Aufgaben strukturieren Ihren Tag. Ebenso wichtig sind die Erholungsphasen. Jeder Sportler weiß, dass Training im Grunde nichts anderes ist als der optimierte Wechsel von Belastungs- und Erholungsphasen. Um ein bestimmtes Leistungsniveau zu erreichen oder zu erhalten, muss er Überbeanspruchung genauso vermeiden wie Unterforderung.

In Ihrem Tagesverlauf ist es dasselbe. Wer acht Stunden am Stück durcharbeitet, wird am Ende weit weniger leistungsfähig sein. Wer hingegen in regelmäßigen Abständen Pausen einlegt, wird sein Niveau halten können. Und vor allem wird er seiner Gesundheit einen guten Dienst erweisen.

Regelmäßige kurze Pausen (fünf bis acht Minuten) sind erholsamer als einmal anderthalb Stunden. Nicht unwichtig ist auch, wie Sie Ihre Pausen gestalten. Wer einen Bildschirmarbeitsplatz hat und seine Pause zum Surfen im Internet nutzt, gewinnt nicht viel. Hier einige Tipps zur Pausengestaltung:

So nutzen Sie Ihre Pausen zur Regeneration

→ Schalten Sie Ihre elektronischen Geräte aus!

→ Schalten Sie ab! Versuchen Sie sich zu entspannen, indem Sie z.B. einfache Atemübungen machen oder Ihre Wahrnehmung gezielt auf etwas anderes als Ihre Arbeit lenken (siehe Kapitel 7).

→ Bewegen Sie sich! Das Mindeste ist, kurz aufzustehen und ein wenig zu gehen. Strecken und recken Sie sich. Kreisen Sie die Schultern langsam fünfmal vor- und rückwärts. Atmen Sie dabei ein, wenn Sie die Schultern nach oben führen und aus, wenn Sie sie herabbewegen. Eine gute Kombination von Entspannung und Bewegung ist die progressive Muskelentspannung.

→ Essen Sie einen kleinen Snack. Nüsse sind reich an Vitaminen, vor allem B1 nimmt Einfluss auf unser Nervensystem. Nüsse enthalten außerdem Proteine, die als Baustoffe für Botenstoffe und Hormone dienen. Früchte liefern unserem Gehirn Energie. Obwohl die Masse des Gehirns nur etwa zwei Prozent des Körpergewichts ausmacht, beansprucht es gut die Hälfte der täglich mit der Nahrung aufgenommenen Kohlenhydrate. Unter Stress steigt dieser Anteil sogar noch deutlich. Unser Gehirn kann übrigens ausschließlich aus Kohlenhydraten Energie gewinnen.

→ Trinken Sie ein großes Glas Wasser! Ihr Gehirn braucht noch mehr Wasser als der restliche Körper und Sie verbrennen auch noch 100 Kalorien pro Liter kalten Wassers. Einfach so, weil Ihr Körper die Flüssigkeit auf Körpertemperatur erwärmen muss. Praktisch, oder?

→ Machen Sie einen Power-Nap – ein Kraftnickerchen! Ein kurzes Nickerchen entspannt nicht nur, sondern weckt meist auch neue Energien für den Rest des Tages. Dösen Sie nicht länger als 20 Minuten. Trinken Sie vorher ruhig eine Tasse Kaffee oder Espresso. Nach 20 Minuten wirkt das Koffein und gibt Ihnen einen Extraschub für die Weiterarbeit.

Setzen Sie sich Limits

Der britische Historiker und Soziologe C. N. Parkinson hat einen interessante Beobachtung gemacht: Eine Arbeit dauert umso länger, je mehr Zeit dafür zur Verfügung steht.

Nehmen wir einmal an, Sie begeben sich daran, einen Bericht zu schreiben. Diese Aufgabe ist für Sie einigermaßen wichtig und Sie beginnen Ihren Tag damit. Abgabe für diesen Bericht ist allerdings erst übermorgen, ganz so dringend ist es also nicht. Weil

Sie die Sache aber vom Tisch haben wollen, nehmen Sie sich vor, so lange an dem Bericht zu schreiben, bis er endlich fertig gestellt ist. Nach zwei Stunden setzen Sie den Schlusspunkt. Sie haben einen fehlerfreien Bericht verfasst. Zwischendurch sind Ihnen weitere Gedanken in den Sinn gekommen, denen Sie kurz nachgegangen sind.

Waren Sie wirklich effizient? Hätten Sie vielleicht schneller fertig sein können? Vermutlich ja! Angenommen, Sie hätten sich ein Zeitlimit von einer Stunde für den Bericht gesetzt. Was hätte passieren können? Sie hätten in einer Stunde fertig sein können. Es ist erwiesen, dass (zeitlicher) Druck hilft, die Aufmerksamkeit zu fokussieren. Selbst wenn Sie sich verschätzt und statt einer anderthalb Stunden benötigt hätten, wären Sie immer noch im Plus. Schlecht geschätzt ist besser, als gar nicht geschätzt.

Erfüllen Sie die Anforderungen, aber auch nicht mehr

Was, liebe Leserin, lieber Leser, ist der wohl größte Zeitfresser? So wie ich die Dinge sehe, hat Perfektionismus gute Chancen auf Platz eins der Hitparade jener Faktoren, durch die uns die meiste Zeit verloren geht. Wer immer hundert Prozent und mehr gibt, schießt wahrscheinlich auch des Öfteren über das Ziel hinaus. Ich kenne hingegen wenige Beispiele, wo es tatsächlich erforderlich ist, immer hundertprozentig sorgfältig oder qualitativ hochwertig oder termingetreu zu arbeiten.

Nehmen wir z.B. einen Neurochirurgen. Selbstverständlich hoffe ich inständig, dass er wirklich alles gibt, wenn er in meinem Gehirn herumschneidet. Abgesehen davon, dass Gehirnoperationen heute in erstaunlichem Maße Routine geworden sind, haben Ärzte auch noch andere, z.B. administrative Aufgaben zu bewältigen. Geht derselbe Mediziner dort mit derselben Akribie zu Werke? Ich vermute nicht, und das ist auch gut so.

Perfektionismus wird dann Zeit raubend, wenn ich nicht mehr in der Lage bin, unabhängig von der Situation zu entscheiden, wie perfekt ich sein will. Wenn ich also immer alles geben muss, egal, ob dies erforderlich ist oder nicht. Ein gutes Pferd springt nicht höher, als es muss.

Machen wir mithilfe des Pareto-Prinzips ein kurzes Rechenbeispiel. Das Pareto-Prinzip (auch 80/20-Regel) besagt, dass Sie mit 20 Prozent an Aufwand etwa 80 Prozent des bestmöglichen Ergebnisses erreichen. Im Umkehrschluss bedeutet das, dass Sie für ein hundertprozentiges Ergebnis weitere 80 Prozent an Aufwand investieren müssen. Die Botschaft ist, dass Sie schon mit relativ geringem Aufwand ein passables Ergebnis erzielen. Für ein maximales Ergebnis müssen Sie jedoch auch maximalen Aufwand betreiben.

Nehmen Sie das obige Beispiel mit dem Bericht. Angenommen, Sie schreiben Ihren Bericht mit etwas Mut zur Lücke und mit nur einem anstatt drei Korrekturdurchgängen. Vielleicht wären Sie dann innerhalb einer Stunde fertig. Nun wollen Sie es aber ganz genau machen. Sie wollen die letzten Fehler tilgen und die letzte inhaltliche Lücke schließen. Dabei stoßen Sie auf die eine oder andere Schwierigkeit. Sie benötigen Informationen von einem Kollegen, der gerade nicht verfügbar ist. Sie telefonieren hinter ihm her. Sie geben den Bericht einer Kollegin zur Korrektur. Diese findet einen

Passus darin schwer verständlich, worauf Sie sich genötigt sehen, die Gliederung um-zustellen. Bei der Formatierung können Sie sich nicht entscheiden, ob denn Arial oder Times seriöser wirkt. Schlussendlich beenden Sie nach fünf Stunden Ihre Arbeit an dem Werk. Und dieses landet dann ebenso in der Ablage, wie es die einstündige Vari-ante getan hätte ...

Mein Tipp lautet daher: Prüfen Sie, wie hoch Sie springen müssen. Und entscheiden Sie dann selbstbewusst, wie viel Anlauf Sie brauchen und wie viel Energie Sie dafür aufbringen wollen.

Wo könnten Sie sich erlauben, etwas weniger sorgfältig, pünktlich, perfekt zu sein?

Planen Sie für den nächsten Tag

Wann machen Sie sich Gedanken über Ihre Tagesplanung? Morgens früh, bevor der Tag beginnt? Der Vorteil liegt darin, dass man sich morgens einen Überblick verschaf-fen kann, was denn alles so anliegt.

Darin liegt aber auch eine Gefahr. Es könnte Sie nämlich dazu verführen, sich von den Dringlichkeiten des Tages mitreißen zu lassen.

Stellen Sie sich vor, Sie entdecken morgens als Erstes einen Zettel von einem lieben Kollegen, der Sie bittet, ganz dringend etwas (für ihn) total Wichtiges zu erledigen. Da Sie zu diesem Zeitpunkt ja noch nichts Besseres vorhaben – Sie haben ja noch keinen Plan –, tun Sie es. Und weil Sie noch keine Zeiten vergeben haben, tun Sie es, bis es fertig ist. Also viel länger als angemessen.

> Am Vorabend zu planen, ist somit Selbstschutz. Sie schützen Ihren Tag vor Übergriffen.

Dann müssen Sie nur noch bereit sein, Ihre Planung auch durchzuziehen, aber das ist ein anderes Kapitel.

Am Vorabend zu planen, hat aber auch noch andere Vorteile:
→ Sie können dann morgens sofort durchstarten.
→ Sie haben abends etwas mehr Ruhe als morgens in der operativen Hektik.
→ Sie können den Tag Revue passieren lassen und reflektieren, was Sie alles er-reicht haben.
→ Sie können sich Ihre Ziele noch einmal bewusst machen und so Ihre Aufmerk-samkeit auf sie lenken (Sie wissen ja, die Energie folgt der Aufmerksamkeit!).
→ Sie können den Tag verarbeiten, ihn abschließen und dann loslassen. So verhin-dern Sie, dass Ihnen Ihre Arbeit abends noch nachhängt mit Gedanken wie z.B.: *„Was muss ich morgen noch gleich erledigen?" „Habe ich daran schon gedacht?" „Ob ich das alles schaffe?"*

Wenn Ihnen das schwerfällt: Legen Sie sich doch ein schönes Tagebuch an! Eines, in dem Sie mit Freude Eintragungen zum Tage machen wollen.

3.5 Zwei Extra-Tipps zum Zeitsparen

Standardisieren Sie!

Alle jene unter Ihnen, die eher flexibel-intuitiv veranlagt sind, lesen bitte jetzt nicht weiter! Das ist mein Ernst, überspringen Sie diesen Abschnitt! Falls nicht, sagen Sie bitte hinterher nicht, ich hätte Sie nicht gewarnt.

Getreu der Devise „man muss das Rad nicht jedes Mal neu erfinden", suchen Sie nach Tätigkeiten, die häufig in ähnlicher Weise wiederkehren und standardisieren Sie diese. Standards können z.B. Checklisten, Leitfäden oder Formulare sein.

Hier einige Beispiele:
- → Checkliste für Geschäftsreisen
- → Einkaufsliste, die 80 Prozent Ihres Wochenbedarfs umfasst (für ganz Hartgesottene räumlich nach Regalen ihres Einkaufsmarktes geordnet)
- → Checkliste für die Vorbereitung einer Präsentation, einer Kundenveranstaltung, eines Seminars, einer Tagung etc.
- → Textbausteine für wiederkehrende Formulierungen in Geschäftsbriefen
- → Leitfäden für Kundenerstgespräche, Auftragsklärungsgespräche, Mitarbeitergespräche etc.

Planen Sie antizyklisch!

Für alle, die eher strukturiert-analytisch veranlagt sind: Überspringen Sie diesen Abschnitt! Er könnte Ihre Flexibilität überstrapazieren.

Viel Zeit lassen wir schlecht genutzt verstreichen, indem wir Dinge dann tun, wenn alle anderen sie auch tun. Wir stehen im Stau oder in der Warteschlange. Manchmal scheint uns dies gar nicht anders möglich zu sein. Manchmal ist es aber einfach nur Macht der Gewohnheit oder schlicht Herdentrieb.

Wo könnten Sie antizyklisch werden?
- → Mit der Arbeit um 7.00 Uhr beginnen statt um 8.00 Uhr?
- → In die Kantine gehen um 12.30 Uhr statt um 12.00 Uhr?
- → In den Urlaub fahren außerhalb der Hauptreisezeiten?
- → Einkaufen am Dienstag oder Mittwoch statt am Samstag?

3.6 Der Kalender

Der Kalender nimmt Ihre Termine auf. Termin ist allerdings nicht gleich Termin. Genauer gesagt geht es darum, „Verabredungen mit anderen" (z.B. Meetings, Telefontermine, Arzttermine etc.) und „mit mir selbst" (z.B. die Stille Stunde, Joggen gehen, die Reise nach Rom etc.) festzulegen und nachzuhalten.

Fristen und Abgabezeitpunkte gehören hingegen in die Aufgabenliste (siehe Kapitel 3.7) und eben nicht in den Kalender. Und zwar aus einem einfachen Grund: Um

Aufgaben fristgerecht erledigen zu können, brauchen Sie nicht nur einen Endtermin, sondern auch einen Startzeitpunkt. Nur so stellen Sie sicher, dass Sie mit der Erledigung rechtzeitig beginnen. In einem Papierkalender würde damit die Übersichtlichkeit stark leiden.

Es gibt am Markt sehr viele verschiedene Kalendersysteme. Manchmal habe ich den Eindruck, es herrscht ein regelrechter Glaubenskrieg.

Zu den am häufigsten verwendeten Varianten zählen:
- → Timesystem, Filofax etc. (mit jährlich auswechselbaren Kalendereinlagen)
- → BlackBerry, Smartphone, PDA etc.
- → Taschenkalender
- → Outlook, Lotus Notes o.Ä. auf dem PC/Laptop (bisweilen mit Ausdruck zum Mitnehmen)
- → Tischkalender
- → Wandkalender

Sie unterscheiden sich in erster Linie hinsichtlich Medium (elektronisch oder Papier), Mobilität (tragbar oder stationär) und des Datumsausschnitts (Tag, Woche, Monat, Jahr). Wie Sie diese drei Kriterien gewichten, hängt in gewisser Weise von Ihrer Persönlichkeit ab. Flexibel-intuitive Menschen machen die Wahl ihres Kalenders meist eher von der Anmutung abhängig, strukturiert-analytische Personen eher von der Handlichkeit.

→ Aufgabe 1: So finden Sie den Kalender, der zu Ihnen passt

Flexibel-intuitive Menschen	Strukturiert-analytische Menschen
Medium	**Mobilität**
→ Wie mutet der Kalender an, den Sie gerne in der Hand halten?	→ Sind Sie darauf angewiesen, Ihren Kalender stets bei sich tragen zu können?
→ Mit welchem Material arbeiten Sie gerne? Mit Papier, Kunststoff, Leder, Stoff? Oder lieber mit elektronischen Geräten?	→ Oder verwenden Sie Ihren Kalender zumeist am selben Ort, z.B. Ihrem Büro?
→ Wie groß sollte Ihr Kalender mindestens und maximal sein?	

Mobilität

→ Sind Sie darauf angewiesen, Ihren Kalender stets bei sich tragen zu können?

→ Oder verwenden Sie Ihren Kalender zumeist am selben Ort, z.B. Ihrem Büro?

Datumsausschnitt

→ Möchten Sie lieber einen breiten Überblick haben, z.B. über den laufenden Monat oder das laufende Jahr?

→ Oder würde ein kleinerer Abschnitt (Woche, Tag) eher passen?

Datumsausschnitt

→ Möchten Sie lieber einen breiten Überblick haben, z.B. über den laufenden Monat oder das laufende Jahr?

→ Oder würde ein kleinerer Abschnitt (Woche, Tag) eher passen?

Medium

→ Wie mutet der Kalender an, den Sie gerne in der Hand halten?

→ Mit welchem Material arbeiten Sie gerne? Mit Papier, Kunststoff, Leder, Stoff? Oder lieber mit elektronischen Geräten?

→ Wie groß sollte Ihr Kalender mindestens und maximal sein?

Ein Extra-Tipp, um mit Ihrem Kalender möglichst effizient umzugehen: Überlegen Sie sich Kürzel, Symbole und Farbcodes.

Wer mit einem Papierkalender arbeitet, für den kann gelten, „mal dir deinen Termin schön". Wählen Sie unterschiedliche Farben für private und berufliche Termine aus oder welche Kategorien Ihnen sonst noch einfallen. Das macht Spaß und steigert den Überblick. Wenn Sie alleine Zugriff auf Ihren Kalender haben, dann verwenden Sie ruhig aussagekräftige Abkürzungen. Auch das hilft zu systematisieren und verkürzt nebenbei den Pflegevorgang.

3.7   Die Aufgabenliste

Streng genommen ist der Begriff „Liste" zu eng gefasst. Die Verwaltung Ihrer Aufgaben ist nämlich nicht an die Listenform gebunden. Es geht darum, schriftlich festzuhalten, was getan werden muss. Diese Empfehlung halte ich für allgemein gültig. Wie Sie Ihre Aufgaben niederschreiben, da gibt es Varianten wie Sand am Meer. Hier einige Beispiele:

- Elektronische Aufgabenverwaltung

Outlook und Lotus Notes sind die bekanntesten Programme. Sie bieten eine Vielzahl an Funktionen und ermöglichen es u.a., Aufgaben zu verschieben, zu sortieren und zu gewichten. Außerdem können Erinnerungszeitpunkte bestimmt werden.

- Kladden, Notizbücher, der Zettel etc.

Wer gerne auf Papier schreibt und liest, der wird vermutlich eher mit einem Notizbuch arbeiten, das es in fast allen Größen und Farben gibt. Von A4 bis A6, von blanko bis kariert, in Papier, Pappe, Plastik oder Leder gebunden, dick oder dünn, für die Hosen- oder Aktentasche. Die roheste Form ist vermutlich der gute alte Zettel auf dem Arbeitsplatz, der alle neuen und spontanen Ideen und To-dos aufnimmt.

- Mindmaps

Mindmaps (frei übersetzt „Gedankenlandkarten") ordnen Informationen nicht stringent untereinander wie eine Liste an, sondern eher bildhaft – eben wie eine Landkarte. Die Anordnung ist in etwa so wie bei einem Baumdiagramm. Das Zentrum, den „Stamm", bildet das Thema, z.B. „Aufgaben im Mai". Die dicken Hauptäste gliedern das Thema in Überschriften, z.B. „Besorgungen", „Projekt A", „Abteilungsmeeting", „Kundenveranstaltung" usw. So geht es weiter mit Ästen und Zweigen und falls nötig sogar Blättern, so wird das Thema immer weiter verfeinert.

Diese Art der Darstellung entspricht weit mehr als die Listenform der Art und Weise, wie Informationen in unserem Gehirn repräsentiert sind, nämlich in Netzwerken. So hat die Mindmap einen klaren Vorteil, was Übersicht und Merkfähigkeit angeht. Außerdem befruchtet sie kreative Gedankenimpulse. Es fällt einem einfach leichter auf, was noch zu ergänzen ist.

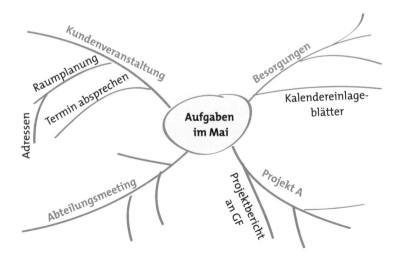

Mindmap

- Wandtafeln, Whiteboards etc.

Wer viele Aufgaben auf einen Blick vor Augen haben muss oder wer seine Aufgaben mit anderen teilt, könnte auf die Wandtafel zurückgreifen. Sie können wahlweise mit trocken abwischbaren Stiften, Karten und Pins oder mit Post-its arbeiten. Neben dem guten Überblick haben Sie so den Vorteil, Aufgaben umarrangieren zu können.

Ich möchte Sie ausdrücklich ermutigen, flexibel und kreativ zu sein, wenn Sie Ihre persönliche Strategie entwickeln, Ihre Aufgabenliste zu führen. Wie schon beim Kalender gibt es auch hier nicht nur einen Königsweg. Bitte berücksichtigen Sie folgende Faktoren:

- Die Anmutung

„Form follows function" – die Form folgt der Funktion, diesen Leitsatz hat vermutlich ein eher strukturiert veranlagter Geist ersonnen. Dass eine Aufgabenliste zuallererst funktionieren und erst in zweiter Linie formschön sein soll, dem würden vermutlich viele zustimmen. Doch was nützt es, das neueste elektronische Spielzeug zu benutzen, mit dem man alles machen kann, inklusive die Wohnungstemperatur und Lichtverhältnisse zu regeln, wenn die Menüführung einfach zu anstrengend ist?

Prüfen Sie sich mit folgender Frage: *„Nehme ich meine Aufgabenliste gerne in die Hand?"*

- Die Erinnerungsfunktion

Segen und Fluch! Auf der einen Seite ist sie ein probates Mittel, Aufgaben im Auge zu behalten. Auf der anderen Seite steigert die Erinnerungsfunktion den Druck von außen und damit den Stress und verursacht Unterbrechungen Ihrer Aufmerksamkeit. Entscheiden Sie selbst, ob eine Erinnerungsfunktion für Sie so hilfreich ist, dass es den Nachteil aufwiegt. Selbstverständlich lässt sich bei allen elektronischen Aufgabenverwaltungen die Benachrichtigungsfunktion auch ausschalten.

- Aktualisierung und Sortierfunktion

Die Aufgabenliste, die Sie auf einem Blatt Papier führen, lässt sich maximal fortschreiben und ausstreichen. Haben Sie irgendwann viel, aber nicht alles ausgestrichen, übertragen Sie das, was übrig geblieben ist, in eine neue Liste, auf ein neues Blatt. Das ist eine wunderbare Methode, denn sie ist vor allem eins: einfach – Keep it simple! Leichter aktualisieren lassen sich indes elektronische Aufgabenlisten. Hier können Sie in der Regel Ergänzungen an jeder Stelle vornehmen. Streichungen verschwinden und beanspruchen keinen Platz mehr.

Außerdem können Sie Ihre Listen nach verschiedenen Kriterien sortieren. Beispielsweise nach dem Abgabetermin, dem Starttermin, nach Projektzugehörigkeit, nach dem Kunden, nach Prioritäten etc. Das gibt Ihnen die Möglichkeit, Aufgabenblöcke bei Ihrer Planung zu berücksichtigen.

Diese Möglichkeit haben Sie allerdings nicht nur bei elektronischen Medien, sondern auch bei Papierversionen, wenn auch auf andere Weise. Wenn Sie z.B. mit Post-its oder Pinnwandkarten arbeiten, können Sie ebenfalls sortieren. Der Überblick ist durch den visuellen Eindruck oft sogar noch besser gegeben.

• Standardisierung

Sollten Sie viele Aufgaben oder Projekte führen, die stets einen großen Anteil vorhersehbarer, weil ständig wiederkehrender Aktivitäten mit sich bringen, dann empfiehlt es sich, diese zu standardisieren. Legen Sie sich Checklisten dafür an, die Sie bei Bedarf einfach übertragen.

> ➜ **Aufgabe 2: Checkliste anlegen**
>
> ➜ Überlegen Sie jetzt einmal, welche Aufgaben oder Aufgabenpakete bei Ihnen immer wiederkehren!
>
> ➜ In welche kleineren Aktivitäten lässt sich diese Aufgabe unterteilen?
>
> Tipp: Auch hier kann die Mindmap-Darstellung helfen!

Tipps für den Umgang mit Kladden und Notizbüchern

➜ Drucken Sie sich Ihre Checklisten aus und legen Sie sie in Ihr Notizbuch ein. Oder drucken Sie sie gleich auf Blanko-Sticker und kleben Sie sie bei Bedarf ein.

➜ Bringen Sie Farbe in Ihr Leben! Nutzen Sie Buntstifte und Textmarker für farbliche Hervorhebungen.

➜ Malen Sie! Auch die kleinste Kritzelei regt die Kreativität an.

➜ Beginnen Sie Ihr Buch von vorne und von hinten. Führen Sie Ihre Aufgabenliste von der ersten Seite an und sichern Sie Ihre Ideen und andere Fundstücke von der letzten Seite aus beginnend.
Kleiner Tipp: Wenn Sie Ihr Buch von hinten beginnen, drehen Sie es auf den Kopf. So können Sie von zwei Richtungen aus vorwärts schreiben.

3.8 Inputs aufnehmen

Täglich werden wir mit Informationen überflutet. Vieles nehmen wir unbewusst auf. Anderes müssen wir bewusst verarbeiten. In unserer modernen Arbeitswelt gibt es für die meisten Menschen eine Reihe von Inputkanälen, wie z.B. Telefon und Handy, das Internet im Allgemeinen und das E-Mail-Postfach im Besonderen, Gespräche und Meetings mit Kollegen, die gute alte Post und natürlich unser eigenes Gehirn, das, wenn wir es richtig pflegen, hin und wieder spontane Ideen und Geistesblitze kreiert. Nicht alles davon ist für mich relevant.

Nicht alles davon ist für irgendjemanden relevant. Und nicht alles muss genau jetzt erledigt werden.

> ### Exkurs 6: Informationsflut – der Pegel steigt
>
> Im Jahr 2002, schätzt man, wurden weltweit fünf Exabyte neue Daten gespeichert. Zum Vergleich: Die Kongressbibliothek in Washington führt die atemberaubende Menge von 19 Millionen Büchern und Dokumenten. Das entspricht einer Datenmenge von zehn Tetrabyte. Ein Exabyte hat eine Million Tetrabyte. In 2002 wurde also eine Datenmenge neu gespeichert, die dem 500.000-Fachen der Kongressbibliothek entspricht.

Man muss sich also schon etwas einfallen lassen, um den Kopf über der Oberfläche der Informationsflut zu halten. In der Regel gehen Menschen damit sehr unterschiedlich um, je nachdem, wie strukturiert-analytisch bzw. flexibel-intuitiv sie sind.

Der rationale Postkorb

Wann immer eine Information (E-Mail, Brief, Telefonnotiz, Gesprächsprotokoll etc.) in Ihr Bewusstsein gelangt, könnten Sie die auf der gegenüberliegenden Seite dargestellte Routine durchlaufen.

Die Schatztruhe

Ideen sind die natürliche geistige Nahrungsquelle für Menschen mit ausgeprägten flexibel-intuitiven Fähigkeiten. Ideen aufzunehmen, weiterzuentwickeln oder selbst zu produzieren, hat einen Wert an sich. Die Kunst besteht darin, Zeit und Kraft für die wirklich guten Ideen zu haben.

→ Schreiben Sie alles auf! Besorgen Sie sich ein Notizbuch, am besten eines, das Sie wirklich schön finden, und notieren Sie Ihre Ideen, Beobachtungen, Erkenntnisse, wann immer sie Ihnen begegnen. Tragen Sie das Buch möglichst

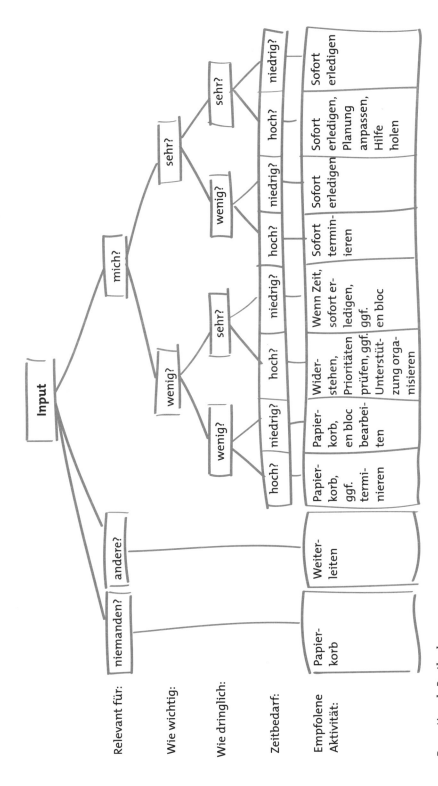

Der rationale Postkorb

immer bei sich. Vielleicht haben Sie auch mehrere – ein kleinformatiges für unterwegs, eins für den Nachttisch, eins fürs Büro. Sammeln Sie, was Ihnen begegnet. Malen oder kritzeln Sie ruhig, der bildverarbeitende Teil Ihres Gehirns wird es Ihnen danken.

→ **Warten Sie!** *„Nichts ist stärker, als eine Idee, deren Zeit gekommen ist"* (Victor Hugo). Das ist ja gerade die Kunst: Input sammeln, das Unbewusste damit arbeiten lassen und irgendwann damit groß rauskommen. Und die Zeit siebt alles aus, was nicht gebraucht wird.

→ **Nehmen Sie sich ab und an Zeit, Ihre Aufzeichnungen zu überfliegen!** Meist springt Sie dann etwas an, was getan oder genutzt werden kann. Ihre Intuition weist Ihnen den Weg.

→ **Verschenken Sie Ideen, die Sie nicht brauchen!** Fragen Sie sich, wie traurig Sie wären, wenn die Idee jemand anderes verwirklichen würde.

4 Planung durchsetzen –

Wie Sie dafür sorgen, dass Ihr Plan funktioniert

→ Übung 8: Zeitdiebe erwischen

Verschaffen Sie sich mithilfe dieser Übung einen Überblick über die wichtigsten Faktoren, die Sie von Ihrer eigentlichen Tätigkeit abhalten bzw. Ihre Planungen in Gefahr bringen. Schätzen Sie bitte für jede der genannten Ablenkungen ein:

→ *Wie häufig tritt diese Ablenkung auf*
Häufigkeit (H): 0 = gar nicht; 1 = bisweilen; 2 = häufiger; 3 =sehr oft?

→ *Wie schwer wiegend ist diese Ablenkung potenziell*
Gewicht (G): 1 = vernachlässigbar; 2 = spürbar; 3 = stark;
4 = sehr gravierend)?

Bereich Kommunikation	H (0-3)	G (1-4)	H x G
Das Telefon/Handy klingelt.			
Die Benachrichtigungsfunktion meldet den Eingang einer E-Mail.			
Unangemeldete Besucher stehen plötzlich in meinem Büro.			
Die Lautstärke / der Geräuschpegel im Raum ist störend.			
Besprechungen dauern länger, als sie eigentlich müssten.			
Informationen erreichen mich zu spät oder unvollständig.			
Unpräzise Kommunikation und häufige Missverständnisse führen zu Mehrarbeit.			
Ich habe lange Wartezeiten (z.B. bei Terminen).			
Und was noch?			

Bereich Selbstdisziplin	H (0-3)	G (1-4)	H x G
Ich muss alles selbst machen.			
Ich bin ungeduldig, hastig.			
Ich habe keine Lust auf meine Arbeit.			
Ich sage zu selten Nein.			
Ich lasse mich schnell ablenken.			
Ich schiebe Dinge vor mir her.			
Ich bin unentschlossen.			
Ich muss immer alles ganz genau machen oder wissen.			
Und was noch?			

Bereich Arbeitsorganisation	H (0-3)	G (1-4)	H x G
Ich mache ständig mehrere Dinge gleichzeitig.			
Ich verliere in meiner „Zettelwirtschaft" den Überblick.			
Mein Schreibtisch quillt über.			
In meiner Ablage finde ich nichts wieder.			
Mir fehlt eine klare Zielsetzung.			
Mein Tag hat keine erkennbare Struktur.			
Mir fehlt der Überblick.			
Und was noch?			

Auswertung

Multiplizieren Sie jeweils Häufigkeit mit Gewicht!

→ *Ergebnis über 4: Sie sollten überlegen, etwas gegen diese Unterbrechung zu tun.*

→ *Ergebnis von 8 oder größer: Hier sollten Sie auf jeden Fall handeln. Markieren Sie die Zeilen mit den höchsten Ergebnissen.*

Am besten bearbeiten Sie zuerst jene Zeitdiebe, bei denen Sie die größte Hebelwirkung entfalten können. Echte Hebelpunkte sind die Ablenkungen, die häufig vorkommen, schwer wiegende Folgen haben und die Sie am besten beeinflussen können.

Stellen Sie sich also nun folgende Fragen:

→ Wie hoch schätzen Sie Ihren eigenen Einfluss auf diese Ablenkung ein? Inwieweit können Sie ihn durch geschickte Planung oder Selbstdisziplin selbst beeinflussen? (hoch – gering)

→ Wie hoch schätzen Sie Ihre Möglichkeit ein, durch Kommunikation mit Dritten auf diesen Faktor einzuwirken? (hoch – gering)

Packen Sie es nun in folgender Reihenfolge an:

→ Hohes Produkt aus Häufigkeit und Gewicht (größer/gleich 8) und hoher eigener Einfluss darauf

→ Hohes Produkt aus Häufigkeit und Gewicht (größer/gleich 8) und hohe Chance, durch Kommunikation mit anderen darauf Einfluss zu nehmen

→ Mittleres Produkt aus Häufigkeit und Gewicht (4–7) und hoher eigener Einfluss darauf

→ Mittleres Produkt aus Häufigkeit und Gewicht (4–7) und hohe Chance, durch Kommunikation mit anderen darauf Einfluss zu nehmen

Unangenehm sind vor allem die Fälle, die häufig auftreten, viel Zeit kosten und auf die Sie kaum Einfluss nehmen können. Hierfür empfehle ich Folgendes:

→ Gerade wenn wir unter einer Situation besonders leiden, hören wir auf, sie realistisch einzuschätzen. Sprechen Sie mit anderen „Betroffenen" darüber. Hören Sie, welche Lösungen diese gefunden haben. Wenn es anderen ähnlich geht, können Sie einander Kraft spenden, Ideen austauschen oder gemeinsam aktiv werden.

→ Denken Sie die Situation neu. Vielleicht gefallen Sie sich ja in der Rolle des hilfsbereiten „Troubleshooters". Vielleicht ist es ja genau Ihr Ding, immer ansprechbar für Ihre Kollegen zu sein. Vielleicht ist es auch Ihre Stärke, viele Dinge gleichzeitig zu tun. Vielleicht ist der Vorteil der fehlenden Zielsetzung, dass Sie offen für viele Richtungen sein können.

> → *Wenn es mal wieder heftig kommt, treten Sie einen Schritt zurück. Statt zu hetzen und zu verkrampfen, entspannen Sie und gewinnen Sie Abstand zu Ihren Aufgaben. Das Mindeste ist: Atmen Sie dreimal tief durch. Versetzen Sie sich in die Vogelperspektive und betrachten Sie sich in Ihrer jetzigen Situation. Fragen Sie sich: Was ist jetzt für mich wirklich wichtig?*

4.1   Warum es sich lohnt, Unterbrechungen zu verringern

In meinen Seminaren höre ich oft den Satz, *„Einen Plan mache ich gar nicht mehr, der ist in kürzester Zeit eh hinfällig!"* oder *„Wir haben so viel Tagesgeschäft, wir reagieren nur noch auf das, was reinkommt!"* Selbstverständlich bieten manche Tage viel Überraschendes. Ist das nicht großartig? Es wäre doch nicht auszuhalten, wenn jeder Tag vorhersehbar wäre. Was ich aber sehr gut verstehe, ist, dass wir uns manchmal etwas mehr Beständigkeit oder Vorhersehbarkeit wünschen. Das wäre nicht nur gesünder, es würde uns auch helfen, Zeit zu sparen.

Nehmen wir an, Sie hätten sich einen Plan gemacht und wären mit Spaß und Entschlossenheit an die Ausführung gegangen. Sie haben sich gerade reingearbeitet, sind voll im Thema und hundertprozentig bei der einen Sache. Und dann klingelt das Telefon! Oder Ihre E-Mail-Benachrichtigung meldet den Eingang eines Newsletters! Oder ein lieber Kollege möchte seine Variante der Schmetterlingsstrategie anwenden. Die Konzentration ist futsch, Sie sind abgelenkt und werden nach Ende der Unterbrechung erst eine gewisse Zeit brauchen, wieder reinzukommen. Bis dann das Spiel von vorne losgeht. Ich weiß, wie zermürbend das sein kann. Gerade, wenn man an einer Aufgabe sitzt, die nicht einfach ist und volle Konzentration und/oder Kreativität erfordert.

Exkurs 7: Unterbrechungen – Der Sägezahn-Effekt

Wie gravierend eine Unterbrechung Ihre Arbeitsleistung beeinflusst, hängt ab von der Art der Aufgabe, mit der Sie sich gerade beschäftigen, sowie von der Dauer und der Art der Unterbrechung (geht es um etwas Wichtiges?).

Unabhängig davon haben Forscher in Experimenten einen Mittelwert herausgefunden. Demnach dauert es durchschnittlich acht Minuten, bis nach Ende einer Unterbrechung Ihre Konzentration wieder zu hundert Prozent bei Ihrer ursprünglichen Tätigkeit ist. Acht Minuten! Das bedeutet, wenn es ganz böse kommt, reichen acht Unterbrechungen zum richtigen Zeitpunkt und Sie erreichen während einer Stunde nicht einmal Ihre maximale Leistungsfähigkeit. Die Abbildung zeigt den Zusammenhang zwischen Leistung und Unterbrechungen im Zeitverlauf.

Bitte beachten Sie, dass die Ausschläge nach oben mit der Zeit sogar an Höhe einbüßen. Auf gut Deutsch: „Man stumpft ab."

Im Klartext und vereinfacht ausgedrückt: Jede Unterbrechung senkt die Produktivität.

Dies ist übrigens auch ein unschlagbares Argument gegenüber Arbeitgebern. Es belegt, dass ein permanentes Verfügbarsein unter dem Strich dazu führt, dass weniger Leistung für das Unternehmen erbracht wird. In den USA kommen Untersuchungen zu dem Ergebnis, dass bis zu 28 Mrd. Arbeitsstunden durch „Sich-ablenken-lassen" verloren gehen. Der entstehende Schaden wird auf 588 Mrd. US-Dollar geschätzt.

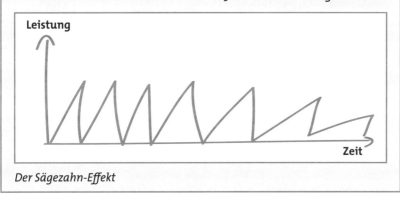

Der Sägezahn-Effekt

Störungen zu bekämpfen lohnt sich! Sich abzugrenzen und gegen Unterbrechungen abzuschirmen ist für jeden Einzelnen sinnvoll und für den Arbeitgeber langfristig lohnend. Ich nenne das „gesunden Egoismus".

Gleichzeitig spüren wir, dass wir nicht alleine auf der Welt sind. Wir leben nicht abgetrennt von der Außenwelt auf einem Eiland der Glückseligkeit. Wir sind vielmehr mit vielen anderen vernetzt, die auf uns und auf Kommunikation mit uns angewiesen sind. So wie wir auf sie.

Ziel muss es also sein, einen sozial verträglichen Mittelweg zu finden. Eine Balance zwischen den eigenen Bedürfnissen und Prioritäten und denen anderer. Dilemmata gibt es viele:

→ Sie müssen Ihr Tagesgeschäft erledigen *und* Sie müssen sich um ein total wichtiges Projekt kümmern.

→ Sie haben individuelle sowie Abteilungsziele zu erreichen *und* es wird erwartet, dass Sie einen Beitrag zu den Standortzielen leisten.

→ Sie müssen Überstunden machen *und* Sie sind an das Betriebsverfassungsgesetz gebunden, das eine Tagesstundenbegrenzung vorsieht.

→ Sie wollen alle Kundenanfragen bedienen *und* Sie müssen den Produktionsplan, die Ressourcenplanung berücksichtigen.

Ich habe eine gute und eine schlechte Nachricht für Sie. Die schlechte zuerst: Egal, wie Sie sich entscheiden, es ist immer verkehrt, denn die Anforderungen übersteigen immer Ihre Ressourcen. Einen Tod müssen Sie sterben. Jetzt die gute: Egal, wie Sie sich entscheiden, Sie liegen immer richtig, denn für beide Seiten haben Sie gute Gründe.

> Das Beste, was Sie tun können, ist mutig überhaupt eine Entscheidung zu treffen.

Und wenn es nur die Entscheidung ist, Nein zu etwas zu sagen, oder besser: Ja zu etwas anderem. Treffen Sie diese Entscheidung, sonst tut es ein anderer für Sie.

Exkurs 8: Logistik – FIFO versus LIFO

Die Begriffe FIFO („First In – First Out") und LIFO („Last In – First Out") stammen aus der Lagerwirtschaft. FIFO bedeutet, dass Sie das Bauteil, das Sie als erstes eingelagert haben, auch als erstes wieder entnehmen. LIFO bedeutet, das, was zuletzt eingegangen ist, als Erstes zu entnehmen. Stellen Sie sich das bitte wie bei einem Ablagestapel auf Ihrem Schreibtisch vor. Der Stapel wächst und Sie nehmen automatisch immer das als Nächstes heraus, was obenauf liegt, also was zuletzt abgelegt wurde. Das hat mit Prioritäten natürlich nichts mehr zu tun. Wenn Sie stets das bearbeiten, was Ihnen irgendjemand als Letztes zugerufen hat, werden Sie zu den wichtigen Dingen nur noch zufällig vordringen.

Prüfen Sie also stets sorgfältig, ob das, was reinkommt, wirklich rechtfertigt, dass Sie Ihren Plan ändern. Tun Sie dies wohl überlegt und nie reflexhaft.

4.2   Zeitinseln schaffen

Sie wissen nun, wie problematisch Unterbrechungen für Ihren Zeithaushalt sind. Sie wissen ferner, dass es aufgrund der Rahmenbedingungen in Unternehmen nicht leicht ist, etwas dagegen zu tun. Sie wissen aber auch, dass eine Entscheidung zu treffen besser ist, als keine Entscheidung zu treffen. Was also tun, um konzentriert arbeiten zu können? Hier einige Tipps:

- **Schaffen Sie sich Zeitinseln in Ihrem Wochenplan**

Planen Sie in Ihrem Wochenplan Zeitfenster ein, in denen Sie sich konzentriert und ungestört einer bestimmten Aufgabe widmen wollen. Täglich eine Stunde, einmal in der Woche ein halber Tag oder einmal im Monat ein ganzer Tag – überlegen Sie sich, was bei Ihren Aufgaben und Ihrer Art zu arbeiten die beste Alternative wäre.

Für entwickelnd-bearbeitend Tätige sind Blöcke à zwei bis vier Stunden sinnvoll, für unterstützend-ausführend Tätige sind 30. bis 60. Minuten-Blöcke schon ein Segen.

- **Seien Sie genügsam**

Versuchen Sie nicht, zu jeder Zeit alle erdenklichen Störungen auszuschalten. Hier können Sie nur grandios scheitern. Konzentrieren Sie sich auf bestimmte Zeitfenster, in denen Sie so viele Unterbrechungen wie möglich ausschalten. Bitte bedenken Sie, dass sich unter Umständen auch bei der größten Sorgfalt nicht immer alle Unterbrechungen abwehren lassen. Unterbrechungen auszuschalten ist aber keine Frage von „ganz oder gar nicht". Auch wenn Sie die Anzahl der Unterbrechungen pro Stunde nur von zehn auf fünf oder sechs reduzieren, gewinnen Sie unglaublich viel Zeit und Energie.

- **Ihr Ziel: Konzentriert arbeiten können**

Lassen Sie mich das Ziel noch etwas positiver formulieren: Es geht Ihnen nicht darum, Störungen auszuschalten, sondern darum, konzentriert Ihrer Aufgabe nachzugehen. Bedenken Sie stets, die Energie folgt der Aufmerksamkeit. Richten Sie diese daher immer auf das konzentrierte, kreative Arbeiten und eben nicht auf das Eliminieren von Störungen.

- **Nutzen Sie Ihre Zeitinseln für wichtige Aufgaben**

Wenn Sie es schaffen, sich für eine gewisse Zeit den Rücken freizuhalten, so ist dies ein Luxus, der Ihnen zusteht. Nutzen Sie diese Zeit für Dinge, die Ihnen wirklich am Herzen liegen, die Sie weiterbringen. Führen Sie Dinge aus, die ein hohes Maß an Konzentration und/oder Kreativität erfordern. Alles andere wäre „Perlen vor die Säue werfen".

- **Beachten Sie Ihren Biorhythmus**

Wir sind nicht über den ganzen Tag gleich leistungsfähig. Unser Tagesrhythmus folgt einer bestimmten Kurve mit Leistungshochs und -tiefs.

Leistungsfähigkeit

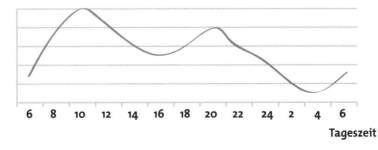

Der Biorhythmus

Dieser Biorhythmus kann individuell verschoben sein. Ich selbst zähle mich zu den Spätaufstehern. Übel gesinnte Mitmenschen sprechen despektierlich von „Langschläfern". Ich persönlich bevorzuge den Ausdruck „Spätrhythmiker". Beachten Sie bei der Planung Ihrer Zeitinseln, dass Sie eine Phase erwischen, in der Sie in gutem Maße leistungsfähig sind. Sie haben einfach nichts gewonnen, wenn Sie Ihre Stille Stunde dann nehmen, wenn Sie müde sind. Also z.B. direkt nach der Mittagspause im „Suppenkoma".

- Beachten Sie den Tages- und Wochenrhythmus Ihres Arbeitsumfeldes

Jedes Unternehmen „atmet" in einer ganz spezifischen Art und Weise. Das bedeutet, zu bestimmten regelmäßigen Zeiten innerhalb des Tages-, Wochen- und Monatszyklus passieren bestimmte immer wiederkehrende Dinge.

Einige Beispiele: Montage bringen oft Mehrarbeit mit sich, die sich über das Wochenende aufgestaut hat. Mittwoch ist häufig Meetingtag. Zwischen zehn und zwölf Uhr ist die Wahrscheinlichkeit, gestört zu werden, am größten, da dann alle anwesend und voll leistungsfähig sind. Zum Quartalsende müssen bestimmte Abschlüsse gemacht werden. Jetzt haben Sie zwei Möglichkeiten. Entweder Sie planen Ihre Zeitinseln dann ein, wenn es Ihnen am leichtesten fällt, also dann, wenn wenige Störungen zu erwarten sind. Oder Sie denken offensiv-antizyklisch (Kap. 3.5). In dem Fall planen Sie Ihre konzentrierte Arbeit so, dass Sie möglichst viele Unterbrechungen auf einen Schlag eliminieren können.

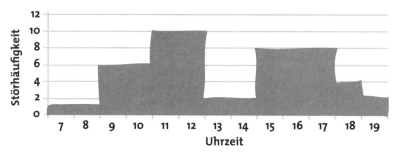

Tagesstörkurve

- Tragen Sie einen Termin in den Kalender ein

Vereinbaren Sie einen Termin mit sich selbst. Damit erhöhen Sie die Verbindlichkeit, die Ihr Vorhaben für Sie hat. Wenn Sie mit anderen zusammen einen Kalender pflegen oder Ihre Arbeitskollegen Zugriff auf Ihren Kalender haben, dann ist diese Maßnahme besonders wichtig. Nur so können Sie sich vor Übergriffen schützen.

- Haben Sie Mut, abkömmlich zu sein

Niemand ist immer erreichbar. Auch derjenige, der diesen Anspruch an sich selbst stellt, muss mal zur Toilette gehen. Obwohl ich tatsächlich schon einmal von einem

Seminarteilnehmer gehört habe, dass er das Telefon mit auf das stille Örtchen nimmt. Nun denn. Machen Sie sich klar, dass Sie so oder so immer wieder mal „Sendepause" haben. Was passiert denn in dieser Zeit? Anfragen an Sie werden weitergeleitet oder laufen in Ihrem Postfach auf. Mit anderen Worten, sie warten geduldig auf Sie. Der Sender kann im Zweifelsfall gar nicht wissen, ob Sie gerade um die Ecke, zu Tisch, im Seminar, im Meeting oder eben in Ihrer Stillen Stunde sind. Also nur Mut, es tut gut!

- Stimmen Sie sich mit Ihren Kollegen ab

Wenn Sie z.B. nicht den Anrufbeantworter einschalten möchten, sprechen Sie sich doch einfach mit einem Kollegen ab. Vertreten Sie sich gegenseitig. Nun könnten Sie sich fragen, was das bringen soll, denn die Vertretung bedeutet ja andersherum auch Mehraufwand für Sie. Die Rechnung ist einfach. Wenn Sie im Gegenzug Ihren Kollegen am Telefon vertreten, werden Sie vermutlich mehr Unterbrechungen haben als sonst. Aber wenn Sie ohnehin schon ständig unterbrochen werden, macht es irgendwann nicht mehr so viel aus. Außerdem können Sie sich darauf einstellen und in dieser Zeit entsprechende, einfache Aufgaben einplanen. Diesen Effekt steigern können Sie, wenn Sie sich nicht nur mit einem Kollegen absprechen, sondern mit mehreren.

Besprechen Sie, bei welchen besonders wichtigen und dringenden Anfragen Sie ausnahmsweise trotzdem gestört werden sollen. Ein beliebtes Beispiel in IT-Abteilungen ist Serverausfall. Sich mit den Kollegen abzustimmen bedeutet auch, Verständnis und Rücksichtnahme einzufordern. Wie Sie hierbei kommunizieren sollten, sehen Sie in Kapitel 5.

Exkurs 9: Sprechstunde – Der Nächste bitte

Ich lerne viel von meinen Seminarteilnehmern. Einmal bereicherte ein Teilnehmer die Gruppe mit einem Erfahrungsbericht. In seinem Arbeitsbereich hatten sie sich darauf geeinigt, Sprechstunden einzurichten. Sie hatten sich dazu gezwungen gesehen, weil sie sonst bei der Vielzahl der Anfragen ihr Tagesgeschäft nicht mehr geschafft hätten.

Das nenne ich einen Perspektivenwechsel. Statt sich Zeitinseln für den eigenen Bedarf freizukämpfen, haben sie den Spieß umgedreht. Sie vergeben nun Zeitinseln für Unterbrechungen. Man kann sein Umfeld auch erziehen.

- Prüfen Sie technische Lösungen

Vor einer besonderen Herausforderung stehen Menschen, die in einem Großraumbüro arbeiten. Ich würde hier wie folgt vorgehen, um mir ein Maximum an ungestörter Zeit zu verschaffen: Als Erstes würde ich schauen, ob es Ausweichmöglichkeiten gibt, leer stehende Büros oder freie Konferenzräume. Vorausgesetzt, diese bieten die nötige Infrastruktur, würde ich mich dahin zurückziehen. Falls das nicht möglich scheint, würde ich mein Umfeld informieren, was ich vorhabe und um Rücksichtnahme bitten. Für alle außerhalb meines Umfeldes würde ich ein „Bitte nicht stören"-Schild basteln und auf meinem Arbeitsplatz z.B. auf meinem Monitor platzieren.

Um störende Geräusche auszuschalten, gibt es verschiedene Möglichkeiten. Ohrstöpsel sind eine. Seit einiger Zeit gibt es auch Kopfhörer, die durch eine „Gegenschallwelle" Geräusche ausblenden, bevor sie an unser Ohr dringen. Sehr praktisch! Ich persönlich höre gerne Musik. Das ist nicht jedermanns Sache und selbstverständlich kann man einwenden, dass Musik die Konzentration beeinträchtigt. Allen Studien zufolge ist das auch so. Mehr noch als ein gleichmäßiger Klangteppich (klassische Musik, am besten ohne Gesang, bietet sich an) lenken jedoch einzelne Geräuscheindrücke ab. Beispielsweise das Gespräch am Nebentisch, von dem wir nur Fragmente hören. In einem voll besetzten Café kann ich mich besser konzentrieren, als wenn nur ein einziger weiterer Gast neben mir telefoniert.

Exkurs 10: Easy Economy – Schöne neue Arbeitswelt

Der Journalist und Autor Markus Albers beschreibt in seinem Buch „Morgen komm ich später rein", wie immer mehr auch bekannte Firmen dazu übergehen, ihren Mitarbeiterinnen und Mitarbeitern freizustellen, wann und wo sie arbeiten möchten. Geführt und kontrolliert wird vom Ziel her. Wenn klar ist, was ein Mitarbeiter leisten muss, gibt es keinen Grund, ihn an einen Büroarbeitsplatz zu ketten.

Die Vorteile liegen auf der Hand. Mitarbeiter erhalten große Flexibilität, die sie auch im Privaten z.B. zur Vereinbarkeit von Familie und Karriere nutzen können. Das Unternehmen spart Platz und die modernen Medien machen eine gute Anbindung möglich. Ob ich einen Bericht im Büro oder in meinem Lieblingscafé lese, ist dem Bericht egal und für das Unternehmen irrelevant. Natürlich birgt diese Entwicklung auch Risiken. Z.B. ist die Verwischung von Beruflichem und Privatem nicht für jedermann und -frau etwas. Und selbstverständlich ist das auch nicht an jedem Arbeitsplatz praktizierbar.

→ Übung 9: Zeitinsel

Wählen Sie eine Aufgabe aus, z.B. eine Ihrer B-Aufgaben. Diese Aufgabe sollte Ihnen wichtig sein (siehe Kapitel 2). Um diese Aufgabe effizient auszuführen, würden Sie Ruhe und Konzentration benötigen.

→ *Wie lange würden Sie brauchen, um ein gutes Stück voranzukommen?*

→ *Denken Sie an Ihre nächste Woche! Wann wäre ein geeigneter Zeitpunkt, diese Aufgabe einzuplanen?*

→ *Welcher Wochentag wäre gut?*

→ *Welche Uhrzeit wäre gut?*

→ *Wann sind Sie leistungsfähig?*

→ *Wie passt das in den Rhythmus Ihres Unternehmens?*

→ *Tragen Sie sich den Termin mit der Beschreibung der Aufgabe in den Kalender ein.*

→ *Angenommen, Sie würden das tatsächlich so durchziehen, wie maßgebend wäre das Ergebnis für Sie?*

→ *Mit welchen Störungen rechnen Sie?*

→ *Wie wappnen Sie sich dagegen?*

4.3 Zeit sparen beim E-Mail-Verkehr

Ist es nicht ein Segen? Wie viel leichter ist unser aller Leben geworden, seit es E-Mails gibt? Mussten wir früher mühsam und sorgfältig unsere Gedanken zu Papier bringen, so hacken wir heute einfach ein paar Buchstaben in den PC und ab damit in den virtuellen Raum. Natürlich geht das viel schneller und gerade weil es so schnell und einfach geht, tun wir es mittlerweile rund um die Uhr. Mit dem Effekt, dass wir zwar unsere schriftliche Kommunikation schneller erledigen können, aber auch ungleich mehr davon zu bearbeiten haben.

Drei Probleme sind durch den inflationären Gebrauch von E-Mails entstanden, die unmittelbar auf unseren Zeithaushalt Einfluss nehmen: Menge, Umfang und Güte. Die schiere Masse an E-Mails bindet unsere Zeit. Fünfzig E-Mails pro Tag und mehr sind keine Seltenheit.

Ein Grund dafür ist, dass kaum eine E-Mail an nur einen Empfänger geht. Meist sind noch unzählige andere Personen „cc" gesetzt. Dadurch, dass an jeder E-Mail automatisch die vorherige Korrespondenz angehängt ist, schwellen E-Mails zu wahren Nachrichtenungetümen an. Und letztlich bekommen wir mitnichten nur gehaltvolle Kost. Spam-Mails und schludrig verfasste oder belanglose E-Mails machen einen guten Anteil in deutschen Postfächern aus. Man schätzt – Stand Oktober 2010 –, dass es ca. eine Milliarde E-Mail-Nutzer auf der Welt gibt, die ca. 171 Milliarden E-Mails produzieren – jeden Tag! 71 Prozent davon sind Spam!

Das alles müssen wir tagtäglich verarbeiten. Wenn Sie die Kontrolle behalten wollen, sollten Sie folgende Tipps beachten:

- Machen Sie Slow-Mail

Haben Sie auch einen nervösen Zeigefinger, der permanent das Postfach aktualisieren will? Sind Sie auch neugierig oder glauben Sie, E-Mails in Echtzeit beantworten zu müssen? Das kann wegen des Sägezahn-Effekts (siehe Kapitel 4.1) ganz schön an der Produktivität nagen. Und das Tückische daran: Man merkt es kaum! Denn eigentlich ist man ja kontinuierlich beschäftigt.

> Sinnvoller ist es, E-Mails nur zu bestimmten Zeiten abzurufen.

Für mich persönlich reicht es, wenn ich zwei bis drei Mal am Tag in mein Postfach schaue. Welche Reaktionszeit erlaubt Ihr Arbeitsumfeld? Einmal pro Stunde? Einmal pro Tag? Im entwickelnd-bearbeitenden Modus müssen Sie vermutlich nicht „always on", also immer per E-Mail erreichbar sein. Im Kundenservice (unterstützend-ausführend) schon eher. Wenn Sie führend-koordinierend arbeiten, müssten Sie schon mit dem BlackBerry unter dem Besprechungstisch hantieren, wollten Sie kürzer als alle 60 Minuten Ihren Posteingang prüfen. Fragen Sie sich, wie lang Ihre Reaktionszeit für E-Mails sein darf. Mein Standpunkt ist allerdings eindeutig: Eine E-Mail, die nicht 24 Stunden warten kann, hätte nicht geschrieben werden müssen. Wenn es schneller gehen soll, sollte man zum Hörer greifen. In vielen Unternehmen gilt: Eine E-Mail wird innerhalb von 24 Stunden beantwortet. Mehr kann man nicht von Ihnen erwarten.

Außerdem beobachte ich oft Folgendes: Wenn jemand permanent jede E-Mail in Echtzeit beantwortet, dann nehmen die Mitmenschen das irgendwann für selbstverständlich. Das führt dazu, dass schon nach zehn Minuten (!) das Telefon klingelt und eine entrüstete Stimme fragt, warum denn die Mail noch nicht beantwortet sei. Und schon haben Sie die nächste Störung. Erinnern Sie sich bitte an den Sägezahn-Effekt.

Jede E-Mail, die Sie Ihrer eigentlichen Aufgabe vorziehen, unterbricht Ihre Konzentration. Daher sind aus meiner Sicht Benachrichtigungsfunktionen – Pop-ups, am besten noch mit Tonsignal – absolut tabu. Sie fordern von Ihnen Aufmerksamkeit, verlangen Ihnen eine Entscheidung ab: Was tun? Tun Sie das vermehrt, zehren Sie sehr von Ihren geistigen Energieressourcen.

- Verfassen Sie Ihre E-Mails kurz und prägnant

Goethe stellte einmal der Korrespondenz mit seiner Schwester voran: *„Heute schreibe ich dir einen langen Brief, für einen kurzen habe ich keine Zeit."* Da ist was dran. Sich kurz und prägnant auszudrücken, kann unter Umständen knifflig sein. Langfristig zahlt es sich aus, denn Sie beugen Missverständnissen vor und erhalten schneller und präziser Antwort.

→ Eine E-Mail, ein Thema

Das erleichtert es, den Zusammenhang zu erfassen und die E-Mail weiterzubearbeiten. Die E-Mail kann eindeutig zugeordnet und leichter abgelegt werden. Schreiben Sie eine E-Mail mit Fragen zu zwei Themen, so wird Ihr Gesprächspartner in vielen Fällen warten, bis er auf beide Fragen eine Antwort geben kann. Schicken Sie zwei Mails, erhalten Sie oft schneller eine Teilantwort.

→ Legen Sie Ihre E-Mails in Ordnern ab

Am besten geben Sie Ihren E-Mail-Ordnern dieselbe Struktur wie Ihrer Datei-ablage. Nutzen Sie die automatische E-Mail-Ablage Ihres E-Mail-Programms. So können Sie z.B. einstellen, dass alle privaten E-Mails, also z.B. E-Mails Ihres Partners / Ihrer Partnerin, in einen dafür vorgesehenen Ordner umgeleitet werden. Oder der Newsletter, den Sie regelmäßig beziehen, kann anhand sei-nes Betreffs identifiziert und abgelegt werden.

→ Schreiben Sie kurze Sätze

Sie erleichtern sich und anderen den Überblick, wenn Sie auf Nebensätze ver-zichten. Subjekt – Prädikat – Objekt, mehr braucht ein guter Satz nicht. Abkürz. von Fremdw. oder Wortverstümm. braucht ein Satz allerd. auch nicht.

→ B A A B – Gewöhnen Sie sich an ein Standard-Schema

Schritt	Hinweis
Beziehungs-botschaft	Grußformel
	Dank für (die vorherige Mail / die bisherige Zusam-menarbeit / das freundliche Gespräch / ...)
	„Ich hoffe, es geht Ihnen gut!“
Ausgangspunkt	„Es geht um ...“
	„Wir hatten besprochen ...“
	„Im Projekt XY sind wir an dem Punkt ...“
Anliegen	Bitte, (An-)Frage
	Wer? (Besonders wichtig bei mehreren Empfängern)
	Was? (IDA: Information / Decision / Action)
	Ab / Bis wann?
	An wen?
Beziehungs-botschaft	Abschiedsformel
	„Vielen Dank!“
	„Ich freue mich ...“

→ **Übung 10: E-Mail-Standard**

Nehmen Sie sich doch einmal jetzt gleich Ihre E-Mails zur Hand. Prü-fen Sie, welche davon dem oben genannten Schema entsprechen. Wie hätten Sie diese stattdessen kurz und prägnant formulieren können?

→ **Legen Sie sich Vorlagen an**

Je mehr E-Mails Sie verfassen müssen, desto größer ist die Chance, dass Sie sich Standardvorlagen anlegen können. Dies gilt z.B. für den Versand von Protokollen, für Meeting-Einladungen, für Informationsgesuche etc.

→ **Übung 11: Standard-E-Mails**

Schauen Sie doch einmal jetzt gleich in Ihren Postausgang. Welche Ihrer letzten fünfzig E-Mails hatten einen ähnlichen Wortlaut? Welche hatten zumindest dieselbe Funktion? Wie müsste eine Standardvorlage aussehen? Machen Sie einen Entwurf und probieren Sie ihn beim nächsten Mal aus.

→ **Verfassen Sie die Betreffzeile aufschlussreich**

Um dem Empfänger einen schnellen Überblick zu ermöglichen, können Sie bereits in der Betreffzeile Ihr Anliegen ausdrücken. Hier können Sie die IDA-Formel nutzen. Geht es um Information, Decision (Entscheidung) oder Action (Handlung)? Dafür gibt es einige nützliche Kürzel.

Kürzel	Bedeutung
FYI	For Your Interest; keine Rückantwort erforderlich
zK	zur Kenntnis; ebenfalls keine Rückantwort erforderlich
AR	Action Required; Handlung erbeten
ToDo	dto.
ToDecide, Decision Required	Entscheidung erbeten
SM	Short Message; dies bedeutet, dass aller Inhalt in der Betreffzeile steht; z.B. „SM: Terminbestätigung 31.03.10, 16-17 Uhr, Gruß, Alexander"

→ **Antworten Sie vorausschauend**

Ich erinnere mich an folgenden E-Mail-Dialog (sinngemäß wiedergegeben):
„Wir sollten uns treffen!"
„O.K., schlag mal bitte einen Termin vor."
„Mittwoch!"
„Nee, geht nicht, wann geht's denn noch?"
„Donnerstag!"
„Um wie viel Uhr?"
„16.00 Uhr?"
„Alles klar! Bis dann."

Manchmal kann man sich Zeit und Nerven sparen, wenn man einfach etwas mitdenkt. Gerade bei Terminabsprachen sollten Sie der Erste sein, der Alternativen unterbreitet. Das verkürzt die Entscheidungswege und Sie behalten die Kontrolle.

Das könnte dann so aussehen:
„Lass uns bitte treffen! Falls ja, hier meine Terminvorschläge: Mi., 21.10., 15 Uhr / Do., 22.10., 16 Uhr."
„O.K., dann treffen wir uns Do., 22.10., 16 Uhr. Bis dann, ..."

4.4   Zeit sparen am Telefon

Hier gilt es zunächst zu unterscheiden, ob Sie nach draußen (outbound) telefonieren oder ob Sie angerufen werden (inbound).

Outbound

Vereinbaren Sie Telefontermine. Es ist bei Weitem nicht so, dass Telefonieren immer ein spontanes Geschäft ist. Dies birgt nämlich das Risiko, dass Sie Ihrem Gesprächspartner lange hinterherlaufen oder sich ständig gegenseitig verpassen. Wenn Sie sich zum Telefonieren verabreden, können Sie und Ihr Gesprächspartner sich vorbereiten. Das spart im Gespräch Zeit und verhindert aufwändige Missverständnisse und Folgegespräche.

Zur Vorbereitung gehören für mich mindestens folgende drei Punkte:
→ Gesprächsziel: Wozu rufe ich an? Was will ich erreichen?
→ Informationsaustausch: Welche Fragen will ich stellen?
→ Unterlagen: Was muss ich griffbereit haben?

Nach Möglichkeit würde ich Telefonate bündeln (siehe Kapitel 3.4). Erstellen Sie sich eine Telefonliste und arbeiten Sie diese ab. Ich stelle immer wieder fest, dass es eine Menge ausmacht, ob ich im „Telefoniermodus" bin oder nicht.

Inbound

Das Tückische am Angerufenwerden ist: Sie wissen meist nicht, wann es so weit ist. Jedes Klingeln ist daher eine Unterbrechung Ihrer aktuellen Aufgabe. Was das bedeutet, habe ich bereits beschrieben.
    Die erste Frage, die ich mir stellen würde und die unter Umständen ganz viel Zeit sparen hilft, ist: „Muss ich gerade erreichbar sein?" Falls nicht, stelle ich das Telefon aus, den Anrufbeantworter ein oder ich bespreche mit einem Kollegen eine Vertretungsregelung. Wenn ich aber erreichbar bin, sollte ich anliegenorientiert kommunizieren.

Was ist zu tun?	Hilfreiche Formulierungen:
Erfassen Sie das Anliegen Ihres Gesprächspartners.	*„Worum geht es?"* *„Was genau meinen Sie mit ...?"* *„Was kann ich für Sie tun?"* *„Was brauchen Sie jetzt von mir?"*
Erfragen Sie die genauen Anforderungen.	*„Wie umfangreich / ausführlich / detailliert muss das sein?"*
Fragen Sie nach dem Zeitrahmen.	*„Bis wann brauchen Sie ...?"* *„Reicht es Ihnen bis ...?"*
Bieten Sie Termine an.	*„Darf ich Sie um ... zurückrufen?"*

5 Zeitmanagement durch Kommunikation –

Wie Sie Ihre Erwartungen kommunizieren

Wie bereits ganz zu Beginn gesagt, bin ich fest der Meinung, dass Zeitmanagement mehr als nur Planung bedeutet. Und auch nicht nur Planung in Verbindung mit Reflexion der eigenen Bedürfnisse, Wünsche und Ziele. Schließlich sitzt keiner von uns auf einer einsamen Insel – vermute ich. Wir sind eingebunden in Beziehungen und Netzwerke. Wir treffen mit unseren Zielen, Erwartungen und Planungen permanent auf die Ziele, Erwartungen und Planungen anderer Menschen. Anzunehmen, stets die eigenen Interessen in vollem Umfang wahren zu können, ist ungefähr so sinnvoll, wie einen Stein ins Wasser zu werfen und zu erwarten, dass die Wellen ausbleiben.

Im Gegenteil, wie frei wir uns fühlen dürfen, nur nach unserem eigenen Plan zu handeln, ist individuell sehr unterschiedlich. Als Sekretärin oder Krankenpfleger empfinden Sie Selbstbestimmtheit anders als als Geschäftsführer. Ein freiberuflicher Berater spürt andere Freiheiten und andere Zwänge als ein Bauingenieur.

Wir sind permanent den Erwartungen anderer ausgesetzt und so schlüpfen wir abwechselnd in verschiedene Rollen. Rollen sind sehr vereinfacht ausgedrückt gebündelte Erwartungen anderer. Von Eltern wird z.B. erwartet, dass sie für ihre Kinder sorgen, liebevoll und konsequent sind, mit ihnen spielen, ihnen Orientierung und Halt im Leben bieten. Von einer Führungskraft wird Ähnliches in Bezug auf ihre Mitarbeiter erwartet. Außer vielleicht das mit dem Spielen. Und so lässt sich für jede Rolle ein Bündel an Erwartungen formulieren.

Exkurs 11: Das Drei-Welten-Modell der Persönlichkeit

Von Dr. Bernd Schmid stammt ein ebenso einfaches wie geniales Persönlichkeitsmodell. Demnach verfügt jeder von uns über eine Auswahl an Rollen in drei Welten:

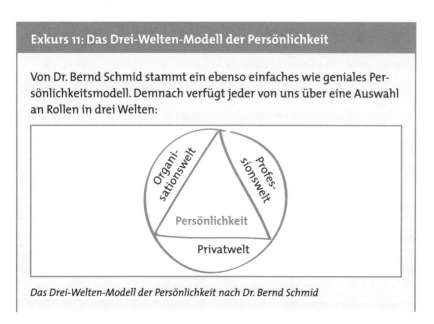

Das Drei-Welten-Modell der Persönlichkeit nach Dr. Bernd Schmid

→ In der Privatwelt geht es u.a. um Familie und gesellschaftliche Stellung. Ich bin z.B. Sohn oder Tochter, Vater oder Mutter, Bruder oder Schwester, Freund oder Freundin, Partner oder Partnerin, aber auch Kassierer im Sportverein, Parteimitglied, Hobbytaucher etc.

→ In der Professionswelt geht es um die Ausbildung, die fachliche Qualifikation, um Ambitionen und Vorstellungen von Karriere. Hier bin ich z.B. Techniker/in, Ingenieur/in, Anwalt/Anwältin, Krankenschwester/Pfleger, Naturwissenschaftler/in, Kaufmann/-frau, Berater/in, Lehrer/in, Sachbearbeiter/in etc.

→ In der Organisationswelt geht es um die Organisation, in der ich arbeite und um ihre Umwelt. Es geht um Regeln, Spielräume und Kulturen, um Beziehungen und Netzwerke und Einfluss. Hier bin ich z.B. Mitarbeiter/in, Teamleiter/in, Abteilungsleiter/in, Geschäftsführer/in, Personalrat/rätin, Sicherheitsbeauftragte/r, Ausbilder/in, Projektleiter/in, Verantwortliche/r für das Fußballtippspiel etc.

→ Aufgabe 3: Welche Rollen spielen Sie?

Was sind eigentlich Ihre Rollen? Verschaffen Sie sich doch einen Überblick über Ihre privaten, professionellen und organisationsbezogenen Rollen.

→ Sammeln Sie dazu zunächst Ihre Rollen in den drei Welten und schreiben Sie sie rund um die entsprechenden Kreise in der nebenstehenden Abbildung „Meine Rollen".

→ Wenn Sie Ihre Rollen so aufgelistet haben, dann halten Sie als Nächstes zu jeder Rolle die wichtigsten Erwartungen fest. Was erwarten andere von Ihnen in dieser Rolle?

Herzlichen Glückwunsch! Dass Sie bei so vielen Anforderungen an Sie überhaupt noch zum Atmen kommen, Respekt!

Aber im Ernst: Überlegen Sie sich doch einmal, welche dieser Rollen Sie tatsächlich kompetent ausfüllen. Gibt es welche, von denen Sie sich trennen wollen? Oder möchten Sie bestimmte Rollen anders interpretieren?

In Unternehmen prallen Erwartungen oft unhinterfragt aufeinander. In vielen Fällen passen die wechselseitigen Erwartungen zusammen. Dann geht unbemerkt alles glatt. Ich bitte meinen Kollegen um seine Expertenmeinung zu seinem Fachgebiet. Er fühlt sich berufen, mir diese mitzuteilen. Ich danke ihm und bin einen Schritt weiter und er ist froh, weil er sich seiner Professionsrolle entsprechend verhalten durfte. Und keiner merkt's.

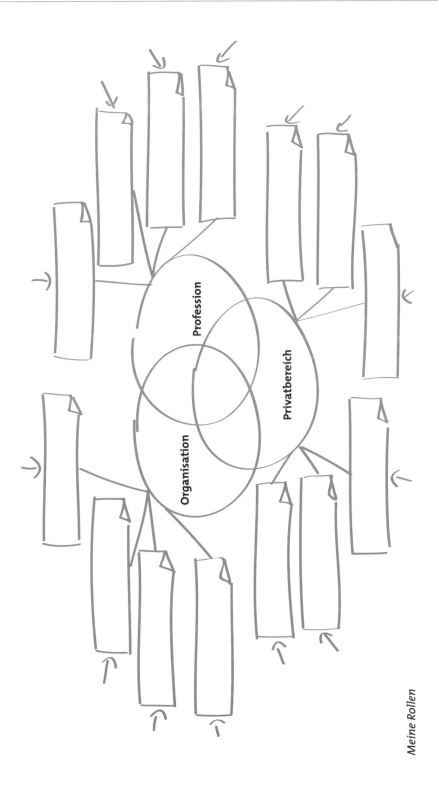

Meine Rollen

Konflikte und damit Stress entstehen immer dann, wenn unsere Erwartungen auseinanderliegen. Ich benötige dringend eine total wichtige Info. Und gleichzeitig braucht mein Gegenüber Ruhe und Konzentration für ein ihm gleichfalls wichtiges Thema. Außerdem haben heute bereits zehn Kollegen mit ähnlichen Anliegen bei ihm angerufen. Jetzt reicht's. Meine Prioritäten sind eben meist nicht seine Prioritäten. Und schon geht es los mit dem Aushandeln.

Um zeitlich nicht unter Druck zu kommen und gleichzeitig seinen Verpflichtungen innerhalb des Unternehmens nachkommen zu können, muss miteinander geredet werden.

Kommunikation im Zeitmanagement bedeutet zweierlei:
- → Wie schaffe ich es kurzfristig, in der Situation angemessen zu reagieren?
- → Wie schaffe ich es langfristig, Klarheit herzustellen und meine Position angemessen zu vertreten?

Wagen Sie nun mit mir gemeinsam einen Blick in den Arbeitsalltag von Regine Waltermann. Sie werden Situationen erleben, die Ihnen bekannt vorkommen und Hinweise erhalten, wie diese zu lösen sind.

5.1 So reagieren Sie kurzfristig angemessen auf Erwartungen anderer

Der Fall: Schon wieder viel zu tun

Regine Waltermann (R.W.) ist die Assistentin von Uwe Vogt, Personalchef eines Unternehmens der Nahrungsmittelindustrie. In ihrer Abteilung arbeiten weiterhin Herr Kappel und Herr Schneider, beide Personalreferenten, sowie Frau Tietje, Auszubildende. Frau Waltermann ist Anfang vierzig, seit zwanzig Jahren dabei und ihr macht ihr Job immer noch viel Spaß. Früher war sie Sekretärin in der Buchhaltung, aber der Personalbereich gefällt ihr besser. Hier hat sie weit mehr die Chance, mit anderen Menschen zusammenzuarbeiten. Sie hat immer viele gute Ideen und hilft schnell und flexibel bei kleinen und großen Problemen.

Seit einigen Wochen ist jetzt schon wirklich viel zu tun. Frau Waltermann arbeitet engagiert, merkt aber auch, wie sie an die Grenzen ihrer Belastbarkeit gelangt. Abends ist sie manchmal wie erschlagen. Vor allem die vielen eintönigen Routineaufgaben zehren an ihren Kräften. Heute Morgen ist mal wieder der Bär los. Das Telefon steht nicht still, das E-Mail-Postfach quillt über und alle paar Minuten stürmt ein Kollege ins Büro. Gerade stellt sie für einen Kollegen aus einer anderen Abteilung einige Informationen zusammen, da kommt ihr Chef.

Chef (legt ihr eine Telefonnotiz auf den Tisch): *„Schreiben Sie diesem Kollegen bitte eine E-Mail-Antwort, ja?! Das eilt!"*

R.W. (blickt von ihrer Arbeit auf): *„Ja klar … Mach ich sofort!"*

Natürlich wird sie das erledigen, aber irgendwie nervt es sie, wie ihr Chef schon wieder mit ihr umgegangen ist. Eigentlich ja ein netter Typ, aber immer so auf seine Arbeit fokussiert. Nun, sie wird es schon noch irgendwie dazwischenkriegen, scheint ja wichtig zu sein. Da steht plötzlich Herr Lehner aus dem Marketing in ihrem Büro, ein kreativer Mensch, der ständig über neuen Produkten und Kampagnen brütet.

Herr Lehner: *„Regine, toll sehen Sie heute wieder aus. Wie machen Sie das nur, wo Sie doch immer so viel zu tun haben? Und jetzt komme auch noch ich mit einer Bitte. Aber Ihr Kollege, Herr Kappel, ist gerade nicht an seinem Platz und ich dachte mir, Sie könnten mir doch bestimmt auch weiterhelfen. Sehen Sie, ohne Sie wäre ich echt aufgeschmissen."*

R.W. (fühlt sich geschmeichelt): *„Na, Herr Lehner, klar, mache ich doch gerne. Worum geht's denn?"*

Herr Lehner: *„Ich hätte hier ein paar Seminardaten, Teilnahmezeiten, Feedbacks und so, die in die Datenbank eingegeben werden müssten … Meinen Sie, Sie könnten das kurz für mich erledigen? Ich selbst kenne mich mit dem neuen Erfassungssystem ja noch nicht so gut aus …"*

R.W. (spürt ein Ziehen in der Magengegend): *„Oh, das ist ja keine solche Kleinigkeit. Da muss ich sehen, wann ich das dazwischenkriege …"*

Herr Lehner: *„Sie sind eine Wucht! Vielen Dank!"*

Innerlich verärgert sieht sie Herrn Lehner nach. Was sie am meisten stört, ist die Tatsache, dass es eigentlich seine Aufgabe wäre, sich mit der Datenbank vertraut zu machen.

So weit zu Frau Waltermann bis hierher.

Reflexion

→ Was fällt Ihnen an dem Verhalten von Frau Waltermann auf?
→ Wie hätten Sie an ihrer Stelle reagiert?
→ Was würden Sie ihr raten, jetzt zu tun?

Auswertung und Alternativen

Ein Klassiker! Es ist viel zu tun und Dritte laden einem immer noch mehr auf, in unserem Fall der Chef und ein Kollege. Beide tun dies auf sehr unterschiedliche Weise. Bei Frau Waltermann bleiben unangenehme Gefühle zurück. Beispielsweise das Gefühl, aus der eigenen Arbeit gerissen zu werden, das Gefühl, nicht respektvoll behandelt zu werden, das Gefühl, von dem netten Kollegen sauber eingewickelt worden zu sein, das Gefühl, eine immer größere Arbeitslast schultern zu müssen. All diese Gefühle steigern das Belastungsempfinden und damit den Stress.

In beiden Fällen muss Frau Waltermann spontan und trotzdem angemessen reagieren. Angemessen bedeutet, ihren persönlichen Bedürfnissen gerecht zu werden und gleichzeitig ihre Organisations- oder Professionsrolle kompetent auszufüllen. Vier Ansätze möchte ich Ihnen dazu vorstellen.

• Ansatz 1: Unterschiedliche Persönlichkeiten und Arbeitsbezüge akzeptieren

Konflikte entstehen oft da, wo unterschiedliche Persönlichkeiten aufeinanderprallen. Frau Waltermann scheint eher ein emotionaler, flexibel-intuitiver Mensch zu sein. Sie arbeitet vermutlich überwiegend im unterstützend-ausführenden Modus. Ihr Chef könnte dem Anschein nach eher eine strukturiert-analytische Führungskraft sein. Frau Waltermann ist genervt von der wenig wertschätzenden Art ihres Chefs, der versucht, die Dinge schnell zu erledigen. Natürlich ist nicht jedes Fehlen von höflichen Umgangsformen mit Persönlichkeitsstruktur zu entschuldigen. Das wäre zu einfach. Es wäre auch falsch, davon auszugehen, dass strukturiert-analytische Menschen immer sachlich bis zur Unhöflichkeit wären. Umgekehrt stoßen sich viele strukturiert-analytische Menschen an übertrieben emotionalisierenden Floskeln.

Der Punkt ist: Sobald ich mir bewusst mache, wie ich bin und wie mein Gegenüber mir erscheint, lösen bestimmte Äußerungen weniger Stress aus.

• Ansatz 2: Das Anliegen erfassen

Sollte Frau Waltermann pauschal Nein sagen? Der Gedanke läge doch nahe. Sie hat schon genug zu tun, da hätte sie doch alles Recht der Welt, weitere Arbeit abzulehnen.

Dazu zwei Punkte: Erstens können ihre Gegenüber nicht wissen, wie ausgelastet sie ist. Ein einfaches Nein würde sehr brüsk wirken. Zweitens erwartet man bestimmte Leistungen von ihr im Unternehmen. Der Chef erwartet z.B., dass sie ihm Aufgaben abnimmt – und zwar bevorzugt die wichtigen und dringenden.

Natürlich ist es auch nicht sinnvoll, jede Aufgabe zu übernehmen. Ich würde Frau Waltermann raten, zunächst einmal das Anliegen genau zu klären, das an sie herangetragen wurde. Dazu gehört es, folgende Fragen zu beantworten:
→ Bis wann soll die Sache erledigt sein?
→ Wie wichtig ist die Sache im Vergleich zu ... (anderen Dingen, mit denen ich mich eigentlich gerade beschäftige)? Wozu benötigen Sie das von mir?
→ Was genau ist zu tun?

Es geht also darum, nachzufragen und das Anliegen zu konkretisieren: Wie dringlich und wichtig ist es dem anderen und was genau ist zu leisten? Wenn Sie das wissen, können Sie einschätzen, was der nächste Schritt ist. Sie können dann z.B. die Erledigung zusagen, das Anliegen mit einem Nein zurückweisen oder einen Bearbeitungstermin anbieten.

Bei Frau Waltermann könnte das dann so klingen:

> Chef (legt ihr eine Telefonnotiz auf den Tisch): *„Schreiben Sie diesem Kollegen bitte eine E-Mail-Antwort, ja?! Das eilt!"*
>
> R.W. (blickt von ihrer Arbeit auf): *„Gerne! Ich bin gerade dabei, die Informationen für Herrn Schulze zusammenzustellen, soll ich die E-Mail vorziehen?"* (Wichtigkeit?)
>
> Chef (erstaunt): *„Ach, da sind Sie gerade dran? Nein, das hat dann Vorrang."*
>
> R.W.: *„Bis wann muss die E-Mail denn spätestens raus sein?"* (Dringlichkeit?)
>
> Chef: *„Wäre gut, wenn's heute noch ginge."*
>
> R.W.: *„Gut, wie umfangreich muss das werden?"* (Umfang?)
>
> Chef: *„Da steckt schon etwas Arbeit drin. Mit dem Kollegen gibt es gerade einige Reibereien und ich möchte ihm keinen Anlass zum Stänkern geben!"*

Und mit Herrn Lehner so:

> Herr Lehner: *„Regine, toll sehen Sie heute wieder aus. Wie machen Sie das nur, wo Sie doch immer so viel zu tun haben? Und jetzt komme auch noch ich mit einer Bitte. Aber Ihr Kollege, Herr Kappel, ist gerade nicht an seinem Platz und ich dachte mir, Sie könnten mir doch bestimmt auch weiterhelfen. Sehen Sie, ohne Sie wäre ich echt aufgeschmissen."*
>
> R.W. (fühlt sich geschmeichelt): *„Vielen Dank! Worum geht's denn?"*
>
> Herr Lehner: *„Ich hätte hier ein paar Seminardaten, Teilnahmezeiten, Feedbacks und so, die in die Datenbank eingegeben werden müssten ... Meinen Sie, Sie könnten das kurz für mich erledigen? Ich selbst kenne mich mit dem neuen Erfassungssystem ja noch nicht so gut aus ..."*
>
> R.W.: *„Um wie viele Seminare geht's denn dabei?"*
>
> Herr Lehner: *„Das wären so in etwa drei, denke ich."*
>
> R.W.: *„O.K., wenn ich Sie richtig verstehe, möchten Sie, dass ich die Seminardaten von etwa 30 bis 40 Teilnehmern für Sie eingebe? Das werde ich im Moment nicht dazwischenkriegen. Wenn Sie mögen, suche ich Ihnen aber eines unserer EDV-Trainings raus. Da lernen Sie den Umgang mit dem System ganz flott."*
>
> Herr Lehner: *„Ähm, ja, wenn Sie dann so nett wären, vielen Dank!"*

Um sicherzugehen, dass Sie ein Anliegen richtig verstanden haben, hilft es, die Aussage Ihres Gesprächspartners in eigenen Worten auf den Punkt zu bringen. So, wie es Frau Waltermann hier tut (*„O.K., wenn ich Sie richtig verstehe, möchten Sie, ..."*). Dadurch signalisieren Sie, dass Sie das Anliegen ernst nehmen, beugen Missverständnissen vor und – sehr wichtig – gewinnen Zeit für eine wohl überlegte Antwort.

- Ansatz 3: Spiele erkennen und ausschlagen

Auch Erwachsene spielen Spiele. Meist sind sie subtil und selten offen. Man merkt zwar, dass etwas geschieht, kann aber oft nicht genau sagen, was gerade abläuft. Solche Spiele sind oft Dramen mit drei Rollen.

Die Transaktionsanalyse nennt sie „Opfer", „Retter" bzw. „Helfer" und „Verfolger" bzw. „Täter".

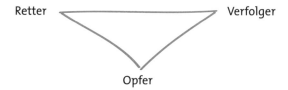

Retter — Verfolger

Opfer

Das Dramadreieck

→ In der Opferrolle fehlt mir etwas, ich fühle mich klein und hilflos, außer Stande, ohne Hilfe von außen klarzukommen. Typische Aussagen: *„Ich kenne mich damit gar nicht aus. Was mache ich denn jetzt bloß?"* oder *„Ich hab so viel zu tun. Wenn ich doch bloß wüsste, wie ich das schaffen soll?"* Damit ist die Aufforderung zum Spiel ausgesprochen. Wenn ich das Spiel annehme, kann mein Gesprächspartner in seiner – bequemen – Opferrolle bleiben. Ich selbst werde dann entweder zum Retter oder zum Verfolger.

→ In der Retterrolle will ich helfen. Ich kenne die Antwort oder die richtige Lösung und stehe dem Opfer aktiv bei (*„Warte mal, lass mich das machen."*). Problem gelöst, Spiel beendet, bis zum nächsten Mal.

→ Als Verfolger glaube ich auch, die Lösung zu wissen, aber ich helfe nicht, sondern weise das Hilfegesuch zurück. Mehr noch, ich klage an. *„Vielleicht kümmerst du dich mal um eine Weiterbildung, könnte helfen!"* Oder *„Stell dich mal nicht so an. Wir haben alle viel zu tun!"* Der Nachteil hier: Sie bürden sich zwar nicht die Verantwortung für Ihren Gesprächspartner auf. Sie gehen aber in Konfrontation und dann können Sie erleben, wie Ihr Spielchen in die zweite Runde geht. Und die heißt: Aus dem armen Opfer wird ein Täter. Gerade noch hilflos wehrt es sich nun gegen die Zurückweisung: *„Komm du nochmal zu mir, wenn du etwas willst!"* Oder *„Schönen Dank auch, wenn man schon mal Hilfe braucht!"* Fortsetzung folgt auch hier.

Ist Ihnen aufgefallen, wie geschickt Herr Lehner es versteht, Frau Waltermann dazu zu bringen, die Aufgabe für ihn zu übernehmen? Erst ein bisschen eingeschmeichelt und dann: *„Sehen Sie, ohne Sie wäre ich echt aufgeschmissen."* Und später noch: *„Ich selbst kenne mich mit dem neuen Erfassungssystem ja noch nicht so gut aus ..."*

Spiele wie diese anzubieten ist nicht fair, aber es liegt an uns, darauf einzugehen oder nicht. Wir haben die Wahl! Menschen mit einem ausgeprägten Helfersyndrom tun sich naturgemäß schwer, Hilfe zu verweigern. Aber welche Art von Hilfe ist das denn? Das Opfer bleibt Opfer und muss keine Verantwortung für seine Geschicke übernehmen. Meist dankt es einem dann doch keiner. Stattdessen wiederholen sich dieselben Muster immer wieder und so steigt die Belastung stetig an.

Wie kommen Sie aus der Nummer heraus? Dazu fünf Hinweise:
→ Achten Sie darauf, wenn Ihnen jemand ein Spiel anbietet.
→ Entwickeln Sie eine klare innere Haltung. Werden Sie sich klar, was Sie wollen und was nicht.
→ Übernehmen Sie nur Verantwortung für sich selbst und geben Sie dem anderen die Chance, dies auch zu tun. Vermeiden Sie gut gemeinte Erwiderungen wie z.B. *„Sie sind aber auch wirklich arm dran!"* Oder abweisende wie z.B. *„Wissen Sie, ich habe auch viel zu tun!"* Bleiben Sie stattdessen betont sachlich.
→ Stellen Sie Rückfragen wie z.B. *„Worum geht es dir genau?"* Oder *„Was genau ist dein Thema?"*
→ Erfassen Sie das Anliegen genau und bringen Sie es in eigenen Worten auf den Punkt, z.B. *„O.K., wenn ich Sie richtig verstehe, möchten Sie ...?"*

• Ansatz 4: Nein sagen

Eigentlich ist „Nein" doch ein ganz einfaches Wort. Warum wird dann so viel Aufhebens darum gemacht? Vielleicht, weil Nein sagen Ablehnung bedeutet und wer ablehnt darf befürchten, im Gegenzug selbst abgelehnt zu werden. Und das berührt eine uralte Angst des Menschen. Andersherum bedient Ja sagen die uralten Wünsche des Menschen nach Anschluss und Anerkennung. Eine Win-win-Situation also?

Eine mit hohem Preis. Wer immer allen hilft und keine Bitte ablehnt, braucht sehr viel Energie. Energie, die er oft nicht in gleicher Münze zurückgezahlt erhält. *„Undank ist der Welten Lohn"*, höre ich noch meine Großmutter sagen.

Zweifellos dürfen und müssen wir uns abgrenzen. Mancher kommt damit besser klar als der andere. Besonders flexibel-intuitive Menschen finden es oft klasse, mehr Dinge zu tun als zu lassen. Das richtige Maß werden nur Sie selbst wissen.

Wenn Sie aber den folgenden Fragen mehrheitlich zustimmen können, könnte es an der Zeit sein umzudenken:
→ *„Es fällt mir schwer, anderen eine Bitte auszuschlagen."*
→ *„Es ist mir unangenehm, wenn es mir besser geht als anderen."*
→ *„Ich habe das Gefühl, zu selten gebührend Anerkennung für meine Unterstützung zu erhalten."*
→ *„Ich fühle mich manchmal ausgenutzt."*
→ *„Ich sage meistens erst einmal etwas zu. Oft ärgere ich mich im Nachhinein."*

Wie schaffen Sie es, sich klarer abzugrenzen?

→ Entwickeln Sie Ihre innere Haltung. Sie wissen ja, die Energie folgt der Aufmerksamkeit. Tun Sie das schriftlich. Schreiben Sie auf, was Sie von nun an forcieren wollen und was Sie sich davon im allerbesten Fall erhoffen dürfen.

→ Unterbrechen Sie den Reflex, Ja zu sagen. Tun Sie etwas anderes. Wertvolle Alternativen sind beispielsweise:

- Spielen Sie auf Zeit. Sagen Sie, Sie könnten das nicht sofort entscheiden und bieten Sie an, sich später zu melden. Überlegen Sie sich dann genau, ob Sie einwilligen wollen und wenn nicht, warum.

- Sagen Sie, Sie hätten im Moment viele andere wichtige Dinge zu tun. Das ist Ihr gutes Recht und muss ja auch keine Lüge sein. Die wenigsten werden das dann hinterfragen.

- Fassen Sie das Anliegen Ihres Gesprächspartners in eigenen Worten zusammen. Auch so gewinnen Sie Zeit, eine Antwort vorzubereiten.

- Tun Sie etwas ganz Verrücktes. Stellen Sie eine Gegenforderung. Wenn ein Kollege Sie bittet, bei einem Kunden anzurufen, weil Sie ja „so gut mit den schwierigen Typen können", bitten Sie ihn im Gegenzug, für Sie die Post wegzubringen, damit Sie Zeit haben, sich um sein Anliegen zu kümmern. Selbst wenn die Gegenleistung nur symbolisch ist und Ihren Einsatz nicht aufwiegt, verschwindet wenigstens das Gefühl ausgenutzt zu werden.

- Machen Sie ein Hilfsangebot. Herr Lehner ködert Frau Waltermann damit, dass er sich doch gar nicht in dem neuen EDV-System auskenne. Dem Mann kann geholfen werden. Frau Waltermann würde Hilfe zur Selbsthilfe leisten, wenn sie ihn zum Seminar anmeldet.

→ Gewinnen Sie Routine darin, Nein zu sagen.

5.2 So verbessern Sie langfristig Ihre Position gegenüber den Erwartungen anderer

Der Fall geht weiter: Wenn der Rauch sich verzogen hat

Frau Waltermanns Tag geht turbulent weiter. In einer Pause denkt sie über die Ereignisse nach. Es wurmt sie, wie die Gespräche mit ihrem Chef und Herrn Lehner gelaufen sind. Sie ärgert sich über ihr eigenes Verhalten.

Herrn Lehner will sie ab jetzt nicht mehr auf den Leim gehen. Sie wird seine Spielchen nicht mehr mitspielen und stattdessen so lange nachbohren, bis sie genau weiß, was er von ihr will. Und dann wird sie sich entscheiden, ob sie ihm hilft oder nicht. Mindestens aber wird sie eine Gegenleistung einfordern. Außerdem beschließt sie, mit ihrem Chef zu sprechen. Der mag das zwar nicht so sehr, aber sie weiß um ihre eigene kommunikative Stärke.

Am Nachmittag erwischt sie ihren Chef zwischen zwei Terminen. Etwas erstaunt über ihr Anliegen bittet er sie in sein Büro.

Chef: *„Frau Waltermann, worum geht es denn?"*

R.W. (beherrscht, aber etwas hastig): *„Also, wissen Sie, was ich Ihnen immer schon mal sagen wollte, was mich stört, ist, Sie kommen immer zu mir ins Büro und knallen mir die Arbeit so hin. Dabei hat man schon auch noch andere Dinge zu tun. Das sehen Sie aber nicht. Oft fragen Sie dann einfach nur, warum denn etwas noch nicht fertig ist."*

Chef (schluckt): *„Ähm, also Frau Waltermann, das dürfen Sie so nicht sehen. Sie müssen wissen, dass auch ich gerade viele Dinge im Kopf habe. Ich bin aber sehr froh zu wissen, dass ich jemanden wie Sie habe, der ich einfach mal schnell etwas übertragen kann. Ich weiß ja, dass Sie dann immer einen sehr guten Job machen."*

R.W.: *„Ja danke, das freut mich doch, das auch mal zu hören."*

Chef: *„Doch, doch! Ganz bestimmt! Aber wo Sie gerade hier sind, konnten Sie die E-Mail schon rausschicken, um die ich Sie heute Morgen gebeten hatte? Nur so rein interessehalber ..."*

Reflexion

→ Was fällt Ihnen an dem Verhalten von Frau Waltermann auf?
→ Wie hätten Sie an ihrer Stelle reagiert?
→ Was würden Sie ihr raten, jetzt zu tun?

Auswertung und Alternativen

Halt! Stopp! Wir sprechen hier nicht über das Verhalten des Chefs. Der gibt sicher auch Anlass zu Kritik. Aber dies ist sicher eher Thema eines Führungskräfte-Coachings als eines Buches über Zeitmanagement. Frau Waltermann muss sich mit dem Verhalten ihres Chefs arrangieren. Dass sie den Weg zu ihm sucht, ist sicher der richtige Schritt.

Im vorigen Kapitel ging es darum, unmittelbar in der Situation angemessen zu reagieren. Was aber tun, wenn bestimmte unangenehme Situationen sich ständig wiederholen? Dann ist es an der Zeit für ein klärendes Gespräch über gegenseitige Erwartungen. Worauf es in einem solchen Gespräch ankommt, das werde ich im Folgenden beschreiben.

• Ansatz 1: Das Gespräch vorbereiten

Frau Waltermann fängt ihren Chef ab und bittet um dieses Gespräch. Vielleicht wäre es besser gewesen, um einen Gesprächstermin – vielleicht am darauf folgenden Tag – zu bitten. Dann hätten sie und ihr Chef sich darauf vorbereiten können.

Hier die Checkliste der Gesprächsvorbereitung:

→ Schreiben Sie auf, was Sie erreichen wollen. **Was ist Ihr Ziel für das Gespräch? Was soll hinterher anders/besser werden?** Für Frau Waltermann könnte das kurz gefasst lauten:

- *„Ich habe mich mit meinem Chef darüber verständigt, wie wir kurzfristige Arbeitsaufträge ins Tagesgeschäft einarbeiten"* und
- *„Mein Chef bemerkt, welchen Einsatz ich für ihn und die Abteilung bringe."*

→ Wählen Sie den richtigen Zeitpunkt. **Lassen Sie vor allem Ihre eigenen Emotionen zunächst etwas abkühlen. Nicht umsonst heißt es, dass man „eine Nacht drüber schlafen" sollte.**

→ Stimmen Sie den Termin mit Ihrem Gesprächspartner ab. **Ich verspreche Ihnen, es hilft in den allermeisten Fällen, wenn beide Seiten die Chance haben, sich vorzubereiten. Sonst treffen Sie wie Frau Waltermann auf ein Gegenüber, das spontan improvisiert argumentieren muss.**

→ Schreiben Sie auf, mit welchen positiven Absichten Sie und Ihr Gesprächspartner wohl in das Gespräch gehen werden. **Frau Waltermann will z.B. weiterhin für ihren Chef alle Aufgaben erledigen und sie will sicherstellen, dass sie die wichtigen und dringenden Aufgaben in der richtigen Reihenfolge erledigt. Wo könnten hier gemeinsame Interessen liegen?**

→ Schreiben Sie auf, mit welchen Sorgen Sie und Ihr Gesprächspartner wohl in das Gespräch gehen werden. **Frau Waltermann sorgt sich vielleicht, dass ihr Chef ihr nicht zuhört oder auf seine betont sachliche Art ihre Argumente abbügelt. Ihr Chef sorgt sich vielleicht um die Zufriedenheit in der Abteilung.**

• **Ansatz 2: Rote und grüne Knöpfe**

Jeder Mensch hat bestimmte Reize, auf die er sofort anspringt. Rote Knöpfe nenne ich diese Reize, bei denen ich sofort an die Decke gehe. Grüne Knöpfe hingegen lösen eher positive Gefühle aus. Im ersten Fall wird die Stressreaktion (siehe Kapitel 7.1) ausgelöst und mein Körper schaltet in den Kampf- oder Fluchtmodus. Im zweiten Fall sind es eher Glücksbotenstoffe, die meinen Körper durchströmen und ich fühle mich wohl im Gespräch. Auf welche Reize wir besonders schnell oder heftig reagieren, hängt von unserer individuellen Geschichte ab. Unsere „Knöpfe" erlernen wir in der Kindheit.

Hier eine Liste von roten und grünen Knöpfen, deren Ansprache sich entweder positiv oder negativ auf ein Gespräch auswirken kann. Die Regel ist ganz einfach: Drücken Sie weniger rot und mehr grün!

Vermeiden Sie die roten Knöpfe Ihres Gegenübers	
Rote Knöpfe	**Grüne Knöpfe**
„Sie müssen ..."	*„Ich verstehe Sie ..."*
„Sie dürfen nicht ..."	*„Da haben Sie Recht ..."*

„Das stimmt nicht!"	„Das ist ja toll ..."
Anweisungen	Anschließen an das, was der andere gesagt hat
Vorschriften	„Danke" und „Bitte"
Herablassungen	Anerkennung aussprechen
Ungefragte Ratschläge	Situation des anderen nachvollziehen
Gönnerhaftes Lob	Gemeinsamkeiten hervorheben
Zu viel reden	Nutzen ansprechen
Nur von sich reden	Schlüsselwörter des Gegenübers verwenden
Besser wissen	Interessierte Fragen stellen
Frageketten	Dem anderen Raum lassen
Fachbegriffe, „Denglisch", Abkürzungen	Klar auf den Punkt kommen
„man" statt „ich" sagen	Ich-Botschaften aussenden

→ Auf welche der oben genannten Punkte reagieren Sie besonders stark?
→ Welche Formulierungen reizen Sie besonders?
→ Gibt es bestimmte Situationen, in denen Ihnen immer wieder dieselben Reize präsentiert werden? Welche?

- **Ansatz 3: Knifflige Punkte ansprechen**

Frau Waltermann spricht die kniffligen Punkte so an: „*Sie kommen immer zu mir ins Büro und knallen mir die Arbeit so hin.*" Das Problem mit „Sie"- oder „Du"-Formulierungen ist aber, dass sie Abwehr und Rechtfertigung herausfordern. Im Weiteren sagt Frau Waltermann: „*Dabei hat man schon auch noch andere Dinge zu tun.*" Das Wörtchen „man" verschleiert, um wen oder was es wirklich geht. Bleiben Sie daher bei sich und senden Sie Ich-Botschaften. Sprechen Sie aus, wie Sie die Situation erleben und was das für Sie bedeutet.

Sagen Sie klar und möglichst früh im Gespräch, worum es Ihnen geht. Schütten Sie dabei keinen Wortschwall über Ihr Gegenüber aus, sondern halten Sie sich kurz und spielen Sie ihm den Ball z. B. mit einer Frage zu. Und ersetzen Sie Vorwürfe durch Wünsche. Also statt „*Du respektierst mich nicht*", besser „*Ich möchte, dass du mich respektierst*".

Beziehen Sie sich auf konkrete Situationen und vermeiden Sie Verallgemeinerungen wie „immer", „ständig" etc.

Vielleicht so:

> Chef: *„Hallo Frau Waltermann, danke, dass Sie um dieses Gespräch gebeten haben. Mir ist es sehr wichtig, zu hören, wo der Schuh drückt."*
>
> R.W.: *„Ja, wissen Sie, gestern Morgen, als Sie mir die E-Mail übertragen haben, da war ich gerade mitten in einem anderen Thema. Es ist außerdem gerade ohnehin recht viel zu tun. Ich habe mich dann etwas überrumpelt gefühlt und habe auch vergessen nachzufragen, worum es denn genau geht. Daher war mir nicht klar, was genau Sie von mir erwarten und wie schnell es gehen muss. Ob ich z.B. erst mit meiner anderen Arbeit weitermachen kann? Solche Situationen habe ich in der Vergangenheit schon oft erlebt und ich würde mir wünschen, dass wir besser abstimmen, wo die Prioritäten liegen."*
>
> Chef: *„O.K., das ist auch in meinem Sinn. Da müssen wir besser werden. Lassen Sie uns besprechen, wie das funktionieren kann."*
>
> R.W.: *„Sehr gerne ..."*

5.3 So kommunizieren Sie Ihr Anliegen situationsgerecht

Der Fall geht weiter: Ein Spiel mit wechselnden Vorzeichen

Regine Waltermann kümmert sich besonders gerne um die Ausbildung von Elisabeth Tietje (E.T.). Es macht ihr Spaß, der jungen Kollegin mit ihrer Erfahrung zur Seite zu stehen. Sie ist sehr klug und nimmt ihre Ausbildung sehr ernst. Wenn sie mit etwas beschäftigt ist, geht sie die Aufgabe sehr strukturiert und fokussiert an. Sie muss aber noch etwas mehr aus sich herausgehen, findet Frau Waltermann. Nach dem turbulenten Start in den Tag scheint der Nachmittag etwas ruhiger zu werden.

Regine Waltermann will das zum Anlass nehmen, Frau Tietje mit einer Aufgabe zu betrauen.

R.W.: *„Hallo Frau Tietje, was machen Sie gerade?"*

E.T.: *„Oh, ich gebe ein Jobangebot in unsere Datenbank ein, damit es ins Internet gestellt werden kann."*

R.W.: *„Und wie kommen Sie voran?"*

E.T.: *„Alles gut soweit, ist ja nicht gerade kompliziert."*

R.W.: „Gut, ich habe hier eine Aufgabe für Sie. Bitte geben Sie die Stammdaten dieser neuen Mitarbeiter in unser Personalsystem ein. Das schaffen Sie doch mit links, oder? Und wenn Sie Hilfe brauchen, kommen Sie einfach zu mir, O.K.?" (will gehen)

E.T.: „Äh, gut, dafür müsste ich mich im System anmelden, oder?"

R.W.: „Ja, natürlich, wieso, das können Sie doch?"

E.T.: „Jaja, schon, nur habe ich noch keine Freigabe, Stammdaten zu verändern."

R.W.: „Nicht? Oh, dann kümmere ich mich darum. Ich sag Ihnen dann Bescheid." (will wieder gehen)

E.T.: „Und wenn ich dann angemeldet bin, soll ich mich da einfach erst mal durchklicken?"

R.W.: „Ja, das ist ganz einfach, das sehen Sie dann schon, wie das geht."

E.T.: „Alles klar, mach ich. Brauchen Sie das diese Woche noch? Sie wissen ja, morgen ist Berufsschule und dann bin ich auf dem Azubiseminar unserer Firma."

R.W.: „Äh ... ach so, ja, eigentlich schon. Dann lassen Sie das lieber, dann mach ich das selbst." (geht)

Da steigt der Druck natürlich wieder. Zu allem Unglück muss auch noch die Reisekostenabrechnung der Abteilung fertigwerden. Eine Aufgabe für Frau Waltermann. Wie immer sind beide Kollegen, Rainer Kappel (R.K.) und Wolfgang Schneider (W.S.) mit ihren Unterlagen hintendran. Sie spricht beide an.

R.W.: „Hallo Herr Kappel, hallo Herr Schneider, kann ich Sie mal kurz sprechen, es geht mal wieder um die Reisekosten. Ich brauche wirklich dringend Ihre Belege, sonst kriegen wir das diesen Monat nicht mehr unter."

R.K.: „Frau Waltermann, tut mir leid, aber ich bin hier gerade an einer ganz wichtigen Sache dran. Da muss alles andere mal warten."

W.S.: „Ja, wissen Sie, Frau Waltermann, es war echt viel zu tun in letzter Zeit. Glauben Sie mir, ich hatte mir das wirklich ein ums andere Mal vorgenommen. Aber es ist immer was dazwischengekommen. Und dann musste ich Freitag auch noch zum Arzt, da ist viel liegen geblieben. Heute Morgen hatte ich es schon in die Hand genommen, da kam der Anruf vom Geschäftsführer wegen der Betriebsleiterposition. Da musste ich reagieren. Das verstehen Sie sicherlich."

R.W. (für heute bedient): „Wissen Sie was, dann bleibt's halt jetzt liegen. Reichen Sie es mir einfach ein, wenn Sie es dann mal fertig haben. Und ich erledige es dann, sobald es passt. Ist ja Ihr Geld."

Reflexion

→ Was fällt Ihnen an dem Verhalten von Frau Waltermann auf?
→ Wie hätten Sie an ihrer Stelle reagiert?
→ Was würden Sie ihr raten, jetzt zu tun?

Auswertung und Alternativen

In den vorangegangenen Kapiteln war es Frau Waltermann, die mit den Erwartungen anderer umgehen musste. Nun haben sich die Vorzeichen verändert. Frau Waltermann will etwas von ihren Kollegen. Sie spricht aus ihrer Rolle als Ausbilderin heraus mit Frau Tietje und aus ihrer Rolle als Assistentin und Verantwortliche für Reisekosten mit ihren Kollegen. Nun ist es an ihr, ihre Erwartungen auszusprechen. So wendet sich das Blatt stetig. Oder wie Dr. Eckart von Hirschhausen es formulierte: *„Mal bist du Taube, mal bist du Denkmal."*

• Ansatz 1: Gekonnt delegieren

Frau Waltermann möchte Frau Tietje eine Aufgabe übertragen. Sie nimmt vermutlich sogar an, ihr damit einen Gefallen zu tun. Für den Fall, dass Sie in der Position sind, Aufgaben zu delegieren, so helfen Ihnen eventuell die folgenden Hinweise:

Halten Sie sich an folgende Abfolge:
→ Beschreiben Sie die Aufgabe so weit wie nötig.
→ Stellen Sie Sinn und Bedeutung der Aufgabe dar.
→ Bitten Sie Ihren Mitarbeiter, Fragen zu stellen.
→ Diskutieren Sie gemeinsam Details und mögliche Gestaltungsspielräume bei der Lösung der Aufgabe.
→ Überprüfen Sie, inwieweit sich die Übernahme der neuen Aufgabe mit den bisherigen Tätigkeiten des Mitarbeiters verträgt.
→ Treffen Sie konkrete Vereinbarungen hinsichtlich Zeit, Umfang und erwarteter Güte der Arbeit.
→ Bitten Sie Ihren Mitarbeiter bei Fragen oder Schwierigkeiten, erneut das Gespräch zu suchen.
→ Seien Sie bereit, Aufgaben loszulassen, auch wenn Sie sie im Augenblick (noch) besser selbst erledigen können als Ihre Mitarbeiter.
→ Erleben Sie es als eine Bereicherung Ihres Arbeitsbereichs und als Vergrößerung Ihres persönlichen Handlungsspielraumes, wenn Sie bei der Erledigung bestimmter Aufgaben ersetzbar sind.
→ Seien Sie geduldig, wenn Sie Ihrem Mitarbeiter die Aufgabe, die Sie delegieren möchten, erklären. Die investierte Zeit gewinnen Sie später vielfach zurück.
→ Sprechen Sie sachlich und neutral mit Ihrem Mitarbeiter. Vermeiden Sie Ironie, Herabspielen, Ködern und Schmeicheln. All dies führt zur Eröffnung von Spielchen, die Ihnen früher oder später auf die Füße fallen werden (siehe Kapitel 5.1).

Bei Frau Waltermann und Frau Tietje hätte sich das so anhören können:

R.W.: „Hallo Frau Tietje, was machen Sie gerade?"

E.T.: „Oh, ich gebe ein Jobangebot in unsere Datenbank ein, damit es ins Internet gestellt werden kann."

R.W.: „Und wie kommen Sie voran?"

E.T.: „Alles gut soweit, ist ja nicht gerade kompliziert."

R.W.: „Gut, ich habe hier eine Aufgabe für Sie. Es geht darum, diese zehn neuen Mitarbeiter in unserem Personalsystem anzulegen und ihre Stammdaten einzugeben. Knifflig ist das an einer Stelle, da müssten Sie vier von den Mitarbeitern einen eigenen Zugang zum Personalsystem einrichten, damit die ihre Zeiterfassung selbst machen können. Das Anlegen neuer Mitarbeiter ist eine Kernaufgabe unserer Abteilung. Nur wenn alles sauber aufgenommen ist, funktioniert die Gehaltsabrechnung reibungslos. Welche Fragen haben Sie dazu?"

E.T.: „Klingt interessant! Brauche ich dafür nicht eine besondere Freigabe?"

R.W.: „Richtig, gut dass Sie es ansprechen, darum werde ich mich noch kümmern. Ich schlage vor, wir gehen so vor, dass Sie sich zunächst mit der Dateneingabemaske vertraut machen. Wenn Sie dann Fragen haben, besprechen wir die. Danach arbeiten Sie die zehn Datensätze ein. Dann schauen wir nochmal gemeinsam drüber, ob alles so passt. Wäre das O.K.?"

E.T.: „Jaja, auf jeden Fall! Bis wann soll ich denn damit fertig sein?"

R.W.: „Das kommt darauf an, was sonst noch so gerade bei Ihnen ansteht?"

E.T.: „Also morgen ist Berufsschule und dann bin ich auf dem Azubiseminar unserer Firma."

R.W.: „O.K., dann sollten wir das heute noch angehen. Wie weit sind Sie mit dem Jobangebot und was liegt sonst noch an?"

E.T.: „Fast fertig. Heute Nachmittag sollte ich vor allem für Herrn Kappel kopieren."

R.W.: „Gut, mit Herrn Kappel spreche ich das ab, aber ich denke, es spricht nichts dagegen, dass wir uns eine Stunde Zeit nehmen."

- Ansatz 2: Von anderen etwas bekommen

Etwas anders liegt der Fall in der zweiten Gesprächssequenz zwischen Frau Waltermann und ihren beiden Kollegen Kappel und Schneider. Sie benötigt eine Leistung von den beiden Herren. Sie fühlt sich dafür verantwortlich und trifft auf deren Zurückhaltung.

Auf was es ankommt, wenn Sie ohne Weisungsbefugnis jemanden dazu bringen wollen, etwas für Sie zu tun, dazu jetzt sechs Ideen.

→ Wenn Sie keine Positionsmacht besitzen – also Ihrem Gesprächspartner nicht übergeordnet sind – dann können Sie meist nur die Beziehungskarte spielen. Das bedeutet, dass Sie das Potenzial nutzen, das in einer positiven Beziehung steckt. Dumm nur, wenn Sie in der Situation erst spontan beginnen müssen, eine positive Beziehung aufzubauen. Wie es scheint, sieht man sich im Leben immer zweimal. Denken Sie also daran, Ihr Beziehungsnetzwerk rechtzeitig zu pflegen. Mit Übung 12 „Netzwerkanalyse" können Sie sich einen Überblick verschaffen.

→ Machen Sie sich bewusst, ob Sie Spiele spielen wollen. In Kapitel 5.1 habe ich beschrieben, auf welche Spielchen sich Erwachsene gerne einlassen. Dazu zählen z.B. Schmeicheln (*„Mit Speck fängt man Mäuse."*), die Opferrolle (*„Was tue ich nur, ich armes dummes Ding?"*) oder der Zeigefinger (*„Schade, wenn ich das nicht von dir bekomme, bleibt mir wohl nichts anderes übrig als ...!"*). Und natürlich funktionieren diese Spiele auch nicht schlecht. Die Gefahr, die ich sehe, wenn Sie sich allzu sehr auf Ihre Spielfähigkeit verlassen, ist folgende: Spiele werden meist retourniert. Das heißt, sie kommen wie ein Bumerang zu Ihnen zurück. Retter fordern ihren Tribut und wollen mindestens Dankbarkeit. Wer ständig Ihren Zeigefinger sieht, merkt sich das nur zu genau, um es Ihnen irgendwann heimzuzahlen.

→ Frau Waltermann spricht mit den Herren Kappel und Schneider gemeinsam. Vielleicht wäre sie gut beraten gewesen, mit jedem einzeln zu sprechen. Es ist immer schwierig, wenn zu einer kniffligen Gesprächssituation auch noch Gruppendynamiken hinzukommen.

→ Versuchen Sie, sachlich mit guten Argumenten zu überzeugen, aber seien Sie sich im Klaren, dass Menschen nicht immer aus sachlichen Gründen handeln. Ein klassischer Hinweis darauf ist, wenn Sie ein *„Ja, aber"* hören, was nichts anderes heißt als *„Nein"*. Statt zu argumentieren, versuchen Sie zu ergründen, wo die jeweiligen Interessen liegen. Was will der andere wirklich? Was verbirgt sich hinter seinen Ein- und Vorwänden? Und was wollen Sie wirklich? Stellen Sie Fragen, wie z.B. *„Woran genau ist Ihnen gelegen?"* oder *„Unter welchen Umständen könnten Sie doch ...?"* Unterstützen sollten Sie Ihre Interessenerkundung durch aktives Zuhören.

→ Manche Fälle können auf bestimmten Ebenen nicht gelöst werden. Dann muss eskaliert werden. Ja, Sie haben richtig gelesen. Eskalieren ist der unschöne Begriff für den Vorgang, den oder die Vorgesetzten ins Boot zu holen. Wenn also beide Seiten gute Gründe für ihr Verhalten haben und es so zu keiner Einigung kommen kann, dann ist in einer Organisation der normale Weg, eine Entscheidung herbeizuführen, der über den Chef. Begreifen Sie dies bitte als absolut normalen Vorgang und eben nicht als Drohung.

→ Kämpfen Sie keine verlorenen Kämpfe. Das kostet in der Regel zu viel Zeit und Energie. Beherzigen Sie das alte Indianersprichwort: *„Wenn dein Pferd tot ist, steig ab".*

→ **Übung 12: Netzwerkanalyse**

Nehmen Sie sich ein Blatt Papier, legen Sie es quer und schreiben Sie Ihren Namen in die Mitte. Schreiben und malen Sie nun um sich herum alle Personen in Ihrem beruflichen Umfeld auf, die irgendwie bedeutsam für Sie sind. Wo Sie wen platzieren, überlassen Sie Ihrem Gespür. Manch einen möchten Sie sehr nah an sich heransetzen, andere eher an den Rand des Papiers. Sie können die Namen auch auf Karteikärtchen schreiben und auf Tisch oder Boden auslegen. Das hat den Vorteil, dass Sie sie flexibel hin und her bewegen können.

Nun überlegen Sie sich, wie die jeweiligen Beziehungen aktuell gestaltet sind.

- → *Welche Beziehungen sind positiv?*
- → *Welche sind kritisch?*
- → *Welche sind neutral oder unklar?*

Vielleicht fallen Ihnen noch Dinge ein, die diese Beziehungen besonders kennzeichnen, z.B. „Spielt ständig Opferspiele mit mir" oder „weicht meinem Blick immer aus". Schreiben oder malen Sie das einfach mit dazu. Überlegen Sie sich dann, welche Beziehungen Sie entwickeln wollen.

- → *Welche Beziehungen wollen Sie verbessern?*
- → *Welche Beziehungen wollen Sie klären?*

5.4 So verbessern Sie die Arbeitsbeziehung langfristig

Der Fall geht weiter: Auf zu neuen Ufern

Nach der Auseinandersetzung mit ihren Kollegen wegen der Reisekostenabrechnung ist der Tag für Frau Waltermann gelaufen. Es ist ohnehin schon nach 17.00 Uhr und sie fährt nachhause, geht eine Runde joggen und nimmt ein schönes warmes Bad zur Entspannung. Danach geht es ihr gut und sie fasst den Entschluss, das leidige Thema Reisekosten mit den Kollegen gemeinsam anzupacken. Offensichtlich sind sie da nicht alle auf einer Linie.

Am nächsten Tag spricht sie die Kollegen darauf an. Sie drückt aus, dass sie gestern genervt gewesen sei und doch eigentlich nur ihrer Verantwortung nachkommen wollte und dass sie sich in Zukunft mehr Unterstützung wünsche. Es täte ihr leid, dass sie dann so abgerauscht sei, aber der Tag sei echt anstrengend gewesen.

Die beiden Kollegen verstehen das gut. Das Thema Reisekosten ist auch für sie ein ewiger Aufreger. Sie verabreden, Montag in einer Woche das Thema in der Teamsitzung zu besprechen. Dann ist es ruhiger und alle sind dabei.

Am nächsten Montag. Regine Waltermann ergreift das Wort.

R.W.: „Also, wie machen wir das zukünftig mit der Reisekostenabrechnung. Ich find's ärgerlich, wenn ich da immer hinterherlaufen muss."

W.S.: „Ja, da kann ich Ihnen nur Recht geben, dass sollte nicht so sein. Da müssen wir uns echt mehr zusammenraufen."

R.K.: „Das ist ja nun nicht immer so einfach. Wir haben ja auch noch andere Dinge zu tun, die ich für wichtiger halte. Ich persönlich hab kein Problem damit, auch mal einen Monat auf meine Auslagenerstattung zu warten."

Chef: „Und dann bleibt's doch wieder liegen? Nein, nein, wir sollten da schon die Termine einhalten. Wir kriegen sonst Stress mit der Buchhaltung. Die werden dann jedes Mal nachhaken. Aber ich gebe Ihnen Recht, wir sollten darauf achten, dass die wirklich wichtigen Dinge nicht liegen bleiben."

W.S.: „Warum setzen wir uns dann nicht einmal im Monat zusammen und packen das gemeinsam an?"

R.K.: „Wir finden ja schon kaum einen Termin für unsere Teamsitzungen."

R.W.: „Also ich brauche halt die Belege bis spätestens fünf Werktage vor dem Monatsletzten."

Chef: „Gut Frau Waltermann, vielleicht legen wir uns das alle einfach als regelmäßig wiederkehrenden Termin an mit entsprechendem zeitlichen Vorlauf. Und Sie Frau Waltermann, würden Sie uns dann bitte rechtzeitig nochmal erinnern?"

Reflexion

→ Was fällt Ihnen an dem Verhalten von Frau Waltermann auf?
→ Wie hätten Sie an ihrer Stelle reagiert?
→ Was würden Sie ihr raten, jetzt zu tun?

Auswertung und Alternativen

Es ist sehr sinnvoll, Dinge anzupacken, die immer wieder Zeit und Energie kosten. Wer einen Baum fällen will, sollte sich Zeit nehmen, seine Axt zu schärfen. Wer bestehende

Abläufe verbessern will, sollte vor allem selbst gut vorbereitet sein. Sie sollten wissen, was Sie wollen und was nicht. Mir scheint, Frau Waltermann war in unserem Fall wenig gerüstet und am Ende bleibt alles wie gehabt.

- Ansatz 1: Gesprächsphasen meistern

Gute Besprechungen durchlaufen fünf Phasen:

→ **Einstieg:** Die Beziehungsebene steht im Vordergrund. Sorgen Sie für einen guten Kontakt zu Ihren Gesprächspartnern. Mit einer freundlichen, zugewandten Begrüßung erreichen Sie schon viel. Smalltalk kann helfen, sofern Sie sich dabei auf Ihren Gesprächspartner einstellen.

→ **Orientierung:** Was kommt auf die Gesprächsteilnehmer zu? Worum geht es? Was soll erreicht werden? Wie viel Zeit wird benötigt und steht zur Verfügung?

→ **Themenbearbeitung:** Jetzt geht es ans Eingemachte. Wie, lesen Sie weiter unten in „Ansatz 2: Systematische Problemlösung".

→ **Zusammenfassung:** Welche Ergebnisse haben Sie erreicht? Welche Vereinbarungen treffen Sie? Gibt es ein Protokoll? Wer muss über die Ergebnisse und Vereinbarungen noch informiert werden? Gibt es einen Folgetermin?

→ **Abschluss:** Hier steht wieder die Beziehungsebene im Fokus, getreu dem Motto: *„Der erste Eindruck zählt und der letzte bleibt".* Bedanken Sie sich für das Engagement, würdigen Sie das Erreichte und verabschieden Sie sich freundlich.

- Ansatz 2: Systematische Problemlösung

Wenn Sie Probleme systematisch angehen wollen, empfehle ich Ihnen, nach PAULUS vorzugehen:

→ **P-roblem:** Beschreiben Sie das Problem und gliedern Sie es möglichst in kleinere Abschnitte auf.

→ **A-uswirkungen:** Welche Konsequenzen hat das Problem genau? Und wer ist inwieweit betroffen?

→ **U-rsachen:** Woher rührt das Problem? Ursachen können sechs Quellen („6 M") haben:

  – Messungen: Können wir genau wissen, was das Problem ist? Haben wir ausreichend Informationen?

  – Menschen: Wer verhält sich wie?

  – Maschinen: Welche Grenzen haben die Technik, Computer, Systeme?

  – Materialien: Welche Unterlagen, Dokumente etc. haben Einfluss auf das Problem?

  – Methoden: Inwieweit sind die Arbeitsabläufe effektiv und effizient?

  – Milieu: Welche Umweltfaktoren spielen in das Problem hinein?

→ **L-ösungen:** Sammeln Sie Lösungsvorschläge, bewerten Sie diese und treffen Sie eine Entscheidung.

→ **U-msetzung:** Wie soll Ihre Lösung nun umgesetzt werden?

→ **S-icherung:** Mit welchen Vereinbarungen sichern Sie die Umsetzung ab? Wie wollen Sie die Umsetzung kontrollieren?

6 Verhalten ändern –

Wie Sie gewünschte Veränderungen umsetzen

In diesem Kapitel geht es darum, Alt durch Neu zu ersetzen oder zu ergänzen. Wenn Sie bisher die Übungen und Aufgaben dieses Buches bearbeitet haben, dann haben Sie vielleicht schon ein paar Ideen, was Sie verändern könnten. Falls nicht oder falls Sie dieses Buch zufällig genau an dieser Stelle zum ersten Mal aufgeschlagen haben, biete ich Ihnen jetzt eine „Abkürzung" an.

Ich habe für Sie eine Liste mit Aktivitäten zusammengestellt, die positiven Einfluss auf Ihr Zeitmanagement haben könnten. Vielleicht haben Sie Lust, sich inspirieren zu lassen. Suchen Sie sich etwas aus und lesen Sie dann das folgende Kapitel, in dem Sie lernen werden, wie Sie Ihr Vorhaben umsetzen.

Übrigens: „Viel hilft viel" trifft hier nur begrenzt zu. Im Gegenteil, eine einzige Veränderung mit durchschlagender Wirkung bringt Ihnen mehr, als zehn halbherzige. Und wie so oft gilt auch hier: Nicht alles ist für jeden, aber es ist sicher für jeden etwas dabei.

6.1 Auswahlliste „Neue Gewohnheiten"

Passgenau planen und vorbereiten

→ Schlüsselaufgaben identifizieren

→ Kontrollieren, ob Tätigkeiten Sie Ihren Zielen näherbringen

→ Prioritäten ordnen (z.B. mit der Eisenhower-Matrix)

→ Die eigenen Ziele regelmäßig checken

→ Unerledigtes sichtbar machen

→ Unerledigtes regelmäßig anschauen und eliminieren oder erledigen

→ Genügend Zeit für B-Aufgaben reservieren

→ Erst die Wochenplanung („Wichtigkeit"), dann die Tagesplanung („Dringlichkeit") machen

→ Tagesziel setzen und aufschreiben Aufgabenblöcke bilden

→ Wichtige Aufgaben ins Tageshoch legen (Biorhythmus)

→ Regelmäßig kurze Pausen einplanen

→ Ein Zeitplanbuch benutzen

→ Übersichtliche Ordnungssysteme verwenden

→ Zeitpuffer einplanen (50/50-Regel)

→ Limits setzen (Parkinsonsches Gesetz)

→ Morgens früher aufstehen

→ Sich eine positive Arbeitsumgebung schaffen

→ Eigene Fluchtwege abschneiden

→ Lieblingsbeschäftigungen vermeiden

→ Positive Selbstgespräche führen (Affirmationen)

Kraftvoll beginnen

→ Pünktlich anfangen

→ Nur geplante Themen angehen

→ Vorkehrungen gegen Unterbrechungen treffen

→ Tagesziel lebendig mit allen Sinnen ausmalen

→ Immer zuerst das Wichtigste fokussieren

→ Sofort das Unerfreulichste vom Wichtigsten anpacken (Eat that Frog)

→ Mit einer B-Aufgabe beginnen

→ Viele kleine Erledigungserfolge sammeln

→ Einfach loslegen

Durchziehen

→ Schnell entscheiden, nicht aufschieben

→ Alles, was nicht länger als 3 Minuten dauert, sofort machen

→ 80/20-Regel (Pareto-Prinzip) beachten

→ Zeitbedarfe abschätzen

→ Ab und an die Zeit kontrollieren

→ Tagesziel erinnern

→ Regelmäßig überprüfen, ob ich noch auf Kurs bin

→ An B-Aufgaben denken

→ Ideen sofort aufschreiben

→ Notizen mehrfarbig markieren

→ Ein einfaches Wiedervorlagesystem nutzen

→ Manches erst etwas ruhen und reifen lassen

→ Andere besuchen, statt besucht zu werden

→ Freundlich Nein sagen

→ Bei der Sache bleiben, nicht spontan auf Zuruf arbeiten

→ Sich auf seinen Gesprächspartner konzentrieren

→ Anforderungen prüfen und ggf. konkretisieren lassen

→ Hilfe erst zu- oder absagen, wenn Sie wissen, worum genau es geht und welcher Aufwand von Ihnen erwartet wird

→ Sich Bestätigung holen

→ Andere um Rat und Unterstützung bitten

→ Sprechstunden einrichten

→ Bei Ermüdung die Tätigkeit wechseln

→ Den Arbeitsplatz oder die Sitzposition verändern und im Stehen oder Gehen arbeiten, um neue Reize zu schaffen

→ Pausen aktiv gestalten

→ Vitaminreich und leicht essen

→ Genug Wasser trinken

→ Entspannungs- und Lockerungsübungen machen

→ Frische Luft tanken

Effizient telefonieren

→ Anrufbeantworter einschalten

→ Mit Kollegen gegenseitige Telefonvertretung absprechen, um Zeit für konzentriertes Arbeiten zu haben

→ Telefontermine vereinbaren

→ Telefonate en bloc abarbeiten (Telefonliste)

→ Anrufe nach Priorität abtelefonieren

→ Alle benötigten Unterlagen zur Hand haben

→ Nach dem Anliegen fragen

→ Nach Zeitbedarf fragen

→ Kontaktdaten richtig erfassen

→ Gesprächsziele klären

→ Notizen machen

→ Klare Vereinbarungen treffen (Wer tut was bis wann?)

→ Aussagen des Gesprächspartners in eigenen Worten wiedergeben

→ Dem Gesprächspartner Verständnis signalisieren

Effizient Post bearbeiten

→ Slow-Mail machen; nur ein-, zwei- oder dreimal pro Tag den E-Mail-Eingang checken

→ Jeden Vorgang nur einmal in die Hand nehmen

→ Aufgaben in Stapel unterschiedlicher Dringlichkeit ordnen

→ Für E-Mails automatische Ablageregeln festlegen

→ Kurzbriefformate nutzen

→ E-Mails als Short-Messages (140 Zeichen) verschicken

Meetings effizient leiten

→ Besprechungen immer mit einer Agenda durchführen

→ Termine rechtzeitig organisieren

→ Nach Standard einladen

→ Limits für einzelne TOPs setzen

→ Nur einladen, wer benötigt wird

→ Termine Freitags nachmittags setzen

→ Fünfzehn-Minuten-Meetings im Stehen abhalten

→ Pünktlich beginnen

→ Endzeiten definieren

→ Pünktlich enden

→ Auf Kürze der Redeanteile achten

→ Zum Thema zurückführen

→ Störungen unterbinden

→ Entscheidungen herbeiführen

→ Protokolle in Echtzeit anfertigen lassen

Ob es uns passt oder nicht, oft sind wir ganz allein dafür verantwortlich, wenn uns die Zeit knapp wird. Nicht unser Chef, die Kollegen oder die Rahmenbedingungen sind schuld, wenn wir uns verzetteln, es allen recht machen wollen oder zehn Dinge gleichzeitig, aber keines richtig tun. Bisweilen stehen wir uns mit unserer Art, die Dinge zu tun, selbst im Wege. Und das ist eine gute Nachricht! Denn auf wen, wenn nicht auf sich selbst, haben Sie wohl den größten Einfluss?

Viele Verhaltensweisen, die uns das Leben schwer machen, sind Gewohnheiten. Wir haben uns daran „gewöhnt", etwas auf eine bestimmte Weise zu tun. Und das bedeutet, wir könnten uns auch etwas anderes angewöhnen. „Ich bin wie ich bin und das ist auch gut so" können Sie einwenden. Zu dieser selbstakzeptierenden Haltung kann ich Sie nur beglückwünschen. Sie müssen aber auch gar nicht den Rahmen Ihrer Persönlichkeit sprengen. Aber Sie dürfen sich natürlich weiterentwickeln!

Im Folgenden werde ich Ihnen zeigen, wie Sie auf ganz unterschiedliche Arten Veränderungen, die Sie sich wünschen, anpacken und umsetzen. Ich weiß natürlich nicht, ob und wann Sie damit Erfolg haben werden, aber wenn Sie es ausprobieren, werden Sie es herausfinden. Viel Spaß!

Exkurs 12: Keine Angst vorm Hockeyschläger

Das Bild des Hockeyschlägers – englisch „hockeystick" – beschreibt den Einfluss, den eine Veränderung auf meine Leistungsfähigkeit hat. Sie starten auf einem gewissen Niveau (A), durchlaufen eine Talsohle (B), um am Ende das neue Niveau (C) zu erreichen. Das Prinzip ist einfach: Um etwas Neues oder Besseres zu erreichen, müssen Sie kurzfristig eine Verschlechterung in Kauf nehmen.

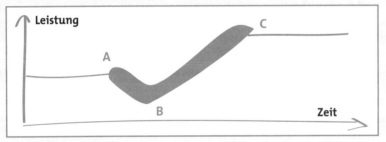

Der „Hockeystick-Effekt"

Ein einfaches Beispiel: Sie schreiben mit zwei bis sechs Fingern recht zügig auf der Computertastatur. Vielleicht geht es Ihnen aber immer noch nicht schnell genug und Sie möchten die Zehn-Finger-Technik erlernen, da Sie viel zu schreiben haben. Weil Sie dazu jedoch Ihre gewohnte „Technik" aufgeben müssen, sind Sie zu Beginn erst einmal langsamer. Nach genügend Übung schaffen Sie aber ab einem bestimmten Zeitpunkt viel mehr als vorher. Man würde sagen, Ihre Zeitinvestition zahlt sich aus. Logisch betrachtet ein lohnendes Geschäft.

Trotzdem lassen wir viele Dinge bleiben, die rational betrachtet sinnvoll wären. Das liegt daran, dass uns nicht nur die Aussicht auf Erfolg oder Freude motiviert, sondern auch die Hoffnung, etwas Unangenehmes zu vermeiden. Das nennt man das „Lust-Schmerz-Prinzip". Dass wir uns im Zweifelsfall eher dafür entscheiden, Schmerz zu vermeiden, hat die Natur so eingerichtet. Für unsere steinzeitlichen Vorfahren war es ein echter Evolutionsvorsprung, vor allem zu vermeiden, an Leib und Leben Schaden zu nehmen. Meist war sofort klar: *„Ich laufe lieber vor dem Säbelzahntiger weg, als dass ich weiter an der Stelle nach leckeren Beeren suche, wo dieser sein Mittagsschläfchen hält"*. Schmerz schlägt Lust!

> Die Währung, in der wir heute einen Gewinn an Leistungsfähigkeit oder Zufriedenheit bezahlen, ist nicht länger Gefahr für Leib und Leben, sondern sind vielmehr Unsicherheit, Sorge, Zeitverlust etc. Der Reflex, diese Kosten zu vermeiden, aber ist geblieben.

6.2 Die richtige Einstellung finden

Mark Twain hat gesagt: *„Schlechte Angewohnheiten lassen sich nicht aus dem Fenster werfen. Man muss sie die Treppe herunterboxen. Stufe für Stufe.“* Das klingt anstrengender als es sein muss. Wie schwer oder leicht es wirklich wird, hängt davon ab, mit welcher inneren Haltung Sie die Sache angehen.

Klar ist, dass sich bestimmte Verhaltensweisen unmittelbar auf unseren Zeithaushalt auswirken. Wenn Sie diese Auswirkung als negativ empfinden, können Sie etwas verändern. Die Frage ist dann, was Ihnen lieber ist: Wollen Sie lieber eine Schwäche ausmerzen oder eine Stärke sinnvoller nutzen?

Um eine „Schwäche auszumerzen“, scheinen mir viel Willenskraft und Disziplin nötig zu sein. Ich lade Sie ein, die Sache einmal aus einem anderen Blickwinkel zu betrachten: Angenommen das, was Sie als Schwäche wahrnehmen, wäre nur eine Übertreibung einer Ihrer Stärken? Wie viel leichter würde es Ihnen fallen, weniger „des Guten“ zu tun?

Natürlich führt mein Perfektionismus dazu, dass ich manchmal der Zeit hoffnungslos hinterherhinke. Im selben Augenblick ist es aber gerade jene Sorgfalt, die mich in meinem Job zu einem anerkannten Experten gemacht hat.

Aufmerksame Leser werden freilich einwenden, „weniger des Guten“, ist das nicht ein negatives Ziel? Und folgt nicht die Energie der Aufmerksamkeit? Das ist richtig. Es geht aber zunächst einmal darum zu erkennen, welcher positive Kern unserem Verhalten innewohnt. Die Energie folgt der Aufmerksamkeit! Danach kann ich darangehen zu entdecken, was ich Neues oder anderes ergänzen will. Hier einige Beispiele:

Zu viel des „Guten“ und die Konsequenzen!	Positiver Kern! In gutem Maße beibehalten:	Entwicklungsrichtung! Etwas mehr davon erlauben:
Immer alles perfekt machen wollen → Sich zu lange mit Details aufhalten; Anforderungen übererfüllen; penibel sein	→ Sorgfältig sein → Liebe zu Details → Ordnung halten	→ Blick für das große Ganze → Langfristige Ziele im Auge behalten → Fehler hinnehmen

Alles selbst machen wollen	→ Stark sein	→ Abgeben, loslassen
→ Überlastet sein; nicht alles schaffen	→ Bereit sein, Verantwortung zu übernehmen	→ Vertrauen in andere haben
		→ Arbeit gleichmäßig verteilen
Es allen recht machen wollen	→ Zuvorkommend sein	→ Freundlich Nein sagen
→ Zu keiner Entscheidung kommen; sich selbst aufgeben; an den Anforderungen zerbrechen	→ Hilfsbereit sein	→ Auf den eigenen Energiehaushalt achten
	→ Harmonie herstellen	
Viele Dinge gleichzeitig erledigen wollen (Multitasking)	→ Neugierig sein	→ Einen Fokus finden
→ Hin und her springen; sich verzetteln; den Überblick verlieren; alles etwas, aber nichts richtig erledigen	→ An Vielem interessiert sein	→ Bei einer Sache sein
	→ Aufnahmebereit sein	
	→ Einen hohen Aktionsradius haben	
Sich immer beeilen müssen	→ Zuverlässig und pünktlich sein	→ Auf Wichtigkeit achten
→ Gehetzt sein; nur von Dringlichkeit getrieben sein; Stress verspüren		→ Einen angemessenen Zeitrahmen in Anspruch nehmen

6.3 Strategien für Veränderungen

Die folgenden Strategien funktionieren wirklich gut. Es ist natürlich wieder für jeden etwas dabei, denn selbstverständlich gibt es auch hier kein Patentrezept für alle Menschen. Suchen Sie sich aus, was für Sie passt und experimentieren Sie damit.

Planen und kontrollieren

Im Coaching treffe ich immer mal wieder auf Menschen, die mich mit ihrer Fähigkeit, Dinge anzupacken, beeindrucken. Mit großer Beharrlichkeit boxen sie schlechte Angewohnheiten die Treppe hinunter. Wenn Sie diese Kraft und Selbstdisziplin aufbringen wollen, dann setzen Sie sich konkrete, messbare und terminierte Ziele (siehe Kapitel 2.2). Erstellen Sie einen Plan und evaluieren Sie Ihren Fortschritt.

Fragen:
- → Was wollen Sie fortan anders tun?
- → Bis wann wollen Sie was erreicht haben?
- → Woran werden Sie merken, dass Sie es erreicht haben?

Organisieren Sie soziale Kontrolle

Ein guter Weg, die Verbindlichkeit für ein Ziel zu erhöhen, liegt darin, es laut auszusprechen. Teilen Sie Ihren Freunden und Kollegen mit, dass Sie etwas Bestimmtes ändern wollen. Und verabreden Sie Feed-back.

Der Mensch ist ein Herdentier! Manche Dinge sind in der Gruppe leichter zu verwirklichen als alleine. Wenn Sie sich z.B. als Student zum Lernen verabredet haben, werden Sie es sich zweimal überlegen, stattdessen einen Kaffee trinken zu gehen. Das Gleiche gilt für den Sport. Alleine laufen kann ich immer wieder verschieben. In der Laufgruppe fällt mir das schon schwerer und bei einer Mannschaftssportart bin ich dem Team gegenüber in gewisser Weise verpflichtet, am Training teilzunehmen.

Üben, üben, üben – und Vertrauen

So simpel es klingt, manche Dinge gelingen ab einer gewissen Wiederholungszahl von ganz alleine. Es heißt, dass man eine Handlung mindestens zweihundertmal ausführen muss, um sie zu verinnerlichen. Ich weiß nicht, wie das gemessen wurde. Vielleicht ist es auch übertrieben. Richtig ist aber, dass wiederholtes Ausführen bei geistigen Handlungen genauso funktioniert, wie z.B. beim Lernen eines Musikinstrumentes. Die Neuronenbahn in Ihrem Kopf, durch die ein bestimmter Gedanke fließt, wird mit jedem Mal leichter zu begehen. Eine gewisse Ausdauer ist also genauso hilfreich, wie Vertrauen darin, dass man manche Dinge einfach nur oft genug getan haben muss.

In puncto Zeitmanagement sind folgende Handlungen gut durch Übung zu lernen oder zu festigen:
- → Kontrollieren, ob Tätigkeiten Sie Ihren Zielen näherbringen
- → Öfter den Arbeitsplatz oder die Sitzhaltung verändern
- → Aktive Pausen einlegen
- → Immer zuerst nach dem Wichtigsten Ausschau halten
- → Genug trinken (Wasser)
- → Nicht reflexhaft auf Zuruf arbeiten, sondern bei der Sache bleiben
- → Wünsche und Anforderungen anderer prüfen, bevor Sie Hilfe zu- oder absagen
- → Alle Viertelstunde die „Bin-ich-noch-auf-Kurs"-Frage stellen
- → Slow-Mail machen; maximal dreimal pro Tag den E-Mail-Eingang checken
- → Den Partner immer zuerst fragen, ob er Zeit hat

Setzen Sie sich Anker

Früher machte man sich einen Knoten ins Taschentuch, wenn man etwas nicht vergessen wollte. Heute spricht man von einem Anker, den man sich setzt. Gemeint ist

damit, dass man ein bestimmtes Vorhaben (z.B. die Ablage immer gleich sofort erledigen) mit einem bestimmten Reiz (z.B. „Knoten im Taschentuch") verknüpft. Immer,
wenn man dann den Reiz wahrnimmt – das Knotentuch – wird man daran erinnert,
was man sich vorgenommen hat. Das ist dasselbe Prinzip wie bei Pawlows Hund. Sie
konditionieren sich selbst auf einen bestimmten auslösenden Reiz.

Die Aufgabe des Knotens im Taschentuch können die unterschiedlichsten Dinge
übernehmen, die Sie gut sichtbar am Arbeitsplatz platzieren: ein Bild, ein kleiner Kie-
selstein, eine Figur aus dem Überraschungsei etc. Der Kreativität sind keine Grenzen
gesetzt. Dazu einige Beispiele:

- → Ein kleiner Frosch (steht für „Eat that Frog!")
- → Ein Stoppschild aus dem Playmobilfundus Ihrer Kinder (steht für „Öfter mal
  Nein sagen!")
- → Ein Bild vom Zieleinlauf beim Ironman-Triathlon auf Hawaii (steht für „Ziele
  fokussieren!")
- → Einen Wecker (steht für „Limits setzen!")
- → Ein Wasserglas (na wofür wohl?)

Belohnen Sie sich

Die beste Belohnung ist, wenn Sie Ihr Vorhaben in die Tat umgesetzt haben und die
Früchte Ihrer Arbeit ernten. Allein die Vorstellung vom Erfolg spornt an. Die zweit-
oder drittbeste Alternative ist es, sich mit etwas anderem zu belohnen, z.B. mit einem
Eis für das Beenden eines lästigen Berichts oder mit einer Weltreise nach Abgabe der
Doktorarbeit. Manchmal hilft ein kleiner äußerer Anreiz, über eine Hürde hinwegzu-
kommen. Sie selbst wissen bestimmt ziemlich genau, was Sie reizen würde. Denken
Sie aber bitte auch daran, dass Sie dann und wann die Dosis erhöhen müssen. Denn
ein Stück Schokolade schlägt man leicht auch einmal aus, wenn man es sich jeden Tag
verdienen kann.

Machen Sie kleine Schritte

Stellen Sie sich bitte einmal Ihren inneren Schweinehund vor, wie er in seinem Körb-
chen liegt und schläft. Sein Job ist es, auf Sie aufzupassen und Sie vor zu viel Arbeit,
Anstrengung, Unsicherheit, Konflikten etc. zu bewahren. Diesen Job nimmt er sehr
ernst. Wann immer Sie Anlauf nehmen, um mit einem großen Satz in eine Veränderung zu springen, wird er wach und schlägt an. *„Lass es! Das lohnt nicht! Das schaffst
du eh nicht! Ist viel zu anstrengend!"*, so tönt es dann. Um an Ihrem kleinen Beschützer
vorbeizukommen, müssen Sie schleichen. Machen Sie also wirklich kleine Schritte.

Anstatt sich vorzunehmen, die gesamte Ablage auf einmal neu zu ordnen, könnten Sie mit dem kleinsten Stapel auf Ihrem Schreibtisch beginnen. Anstatt auf einen
Schlag alle Störungen in Ihrem Alltag zu eliminieren, begnügen Sie sich mit einer
störungsfreien halben Stunde diese Woche. Anstatt auf jede neue Anfrage mit „Nein"
reagieren zu wollen, freuen Sie sich über das eine Nein des Tages. So paradox es klingt,
achten Sie darauf, so wenig wie möglich zu verändern.

Verinnerlichen Sie sich Ihre Ziele

In Kapitel 2.3 habe ich beschrieben, wie Sie sich die Kraft Ihres Unterbewusstseins zu Nutze machen. Wie Sie sich Ihr Ziel vergegenwärtigen und ein Gefühl dafür finden, wie toll es sein wird, wenn Sie es erreicht haben.

Die folgende Übung hilft Ihnen, die Vor- und Nachteile sowohl des neuen als auch Ihres bisherigen Verhaltens abzuwägen. Sie machen sich bewusst, was Sie an Ihrem alten Vorgehen haben und was es Sie kosten könnte, es aufzugeben. Und Sie beschreiben, was Sie erwartet, wenn Sie es nicht tun.

> ### → Übung 13: Vorteile – Nachteile
>
> *Die Sorge vor Unsicherheit und Unannehmlichkeiten verstellt bisweilen den Blick auf die positiven Auswirkungen, die eine Veränderung haben könnte. Diese Sorgen sollten Sie ernst nehmen. Tun Sie es nicht, werden sie aus dem Untergrund Ihre Bemühungen zu sabotieren wissen.*
>
> *Die folgenden vier Fragen können Ihnen helfen, die Konsequenzen Ihres Verhaltens zu ordnen und zu bewerten. Das funktioniert in etwa so wie eine Pro- und Kontraliste. Allerdings mit dem entscheidenden Unterschied, dass Sie sich die Vor- und Nachteile sowohl Ihres neuen, als auch Ihres bisherigen Verhaltens ansehen. So werden unterschwellige Einwände sichtbar. Nur wenn Sie diese ernst nehmen und in Ihre Lösung einbauen, hören sie auf, Sie zu ärgern. Zum Ausprobieren wählen Sie eine mögliche neue Gewohnheit aus.*
>
> → *Angenommen, Sie machten alles weiter wie bisher, Sie änderten nichts, welche Vorteile hätte das für Sie? Was würde Ihnen das nützen?*
>
> → *Angenommen, Sie würden das, was Sie vorhaben, in die Tat umsetzen, was könnte Ihnen schlimmstenfalls passieren? Wie wahrscheinlich ist es, dass Ihnen das passiert?*
>
> → *Angenommen, Sie machten alles weiter wie bisher, was wäre daran unangenehm für Sie? Was würde sich eventuell sogar verschlimmern?*
>
> → *Angenommen, Sie würden das, was Sie vorhaben, in die Tat umsetzen, welche Vorteile hätte das für Sie? Was würde Ihnen das nützen?*
>
> *Vielleicht kommen Sie nach dieser Übung auch zu der Erkenntnis, dass es besser ist, alles so zu belassen wie es war, und dass Sie damit gut leben können. Das ist völlig O.K., Sie haben dann gute Gründe.*

Machen Sie Experimente

Experimente sind kleine Aufgaben, die Ihnen helfen, Veränderungen zu beginnen und fortzusetzen. Sie haben teilweise etwas Spielerisches an sich und lenken Ihre Aufmerksamkeit auf Ihre Stärken. Diese Experimente verdanke ich Dr. Peter Szabó, dessen konsequent lösungsorientierte Haltung ich sehr bewundere.

• Experiment „20 Dinge, die funktioniert haben"

Beobachten Sie – vielleicht in den kommenden Tagen –, was bei dem, was Sie sich vorgenommen haben, denn schon einigermaßen gut funktioniert. Finden Sie mindestens 20 Punkte! Was haben Sie dazu beigetragen, dass es ein wenig in die richtige Richtung ging?

• Experiment „Zielerreichung"

Das ist ein Klassiker! Viele Klienten und Seminarteilnehmer halten ihren Fokus aufrecht, indem sie sich vergegenwärtigen, wie weit sie mit ihrer Zielerreichung gekommen sind. Nehmen Sie sich dazu jeden zweiten Abend (z.B. an allen ungeraden Tagen) etwas Zeit und schreiben Sie auf, wo Sie mit Ihrer Zielerreichung gerade stehen (auf einer Skala von 1 bis 10).
  → Wenn Sie vorangekommen sind: Wie haben Sie das geschafft? Was macht den Unterschied zu Ihrem Ausgangswert für Sie aus?
  → Falls sich nichts verändert hat oder es Rückschritte gab (was absolut normal wäre): Wie haben Sie es geschafft, zumindest dieses Niveau zu erreichen? Wie haben Sie sich da wieder herausgekämpft?

• Experiment „Prophezeiung"

Probieren Sie Folgendes aus: Nehmen Sie sich abends etwas Zeit und denken Sie an den kommenden Tag. „Prophezeien" Sie, ob Sie morgen zufällig die Chance bekommen werden, Ihr Ziel umzusetzen bzw. die gewünschte Veränderung zu zeigen. Prüfen Sie dann am folgenden Tag, ob Sie richtig vermutet haben. Wenn Sie mit Ihrer Prophezeiung richtiglagen, dann könnten Sie sich mit einer „Kleinigkeit" belohnen.

Der Clou: Sie dürfen schummeln! Wenn Sie „Ja" getippt haben, aber die Dinge sich so zu entwickeln beginnen, dass Sie falschliegen, dann führen Sie einfach eine Möglichkeit herbei, damit sich Ihre Prophezeiung bestätigt.

Ein Beispiel: Angenommen, Sie haben vor, schneller Entscheidungen zu treffen und keine unnötigen Folgehandlungen zu dulden. Leider hatten Sie heute noch nicht Gelegenheit dazu, dies unter Beweis zu stellen. Dann werfen Sie doch einfach mal einen Blick ins Postfach oder Ihre Ablage. Sicher finden Sie dort noch irgendwo eine Altlast, die Sie endlich wegwerfen, ablegen, terminieren oder weiterleiten können. Und schon haben Sie gewonnen. Und wenn Sie „Nein" getippt haben und sich Ihnen plötzlich doch eine Gelegenheit bietet, dann lassen Sie es einfach! Oder Sie machen es dann doch, so oder so, Sie gewinnen! Denn Sie entscheiden, ob Sie sich heute ändern wollen oder nicht. Es bleibt Ihre Verantwortung.

7 Entspannung –
Wie Sie Druck herausnehmen

Stress kann viele Auslöser haben. Fehlende Zeit oder zu viel zu tun zu haben, sind oft nur Symptome. *„Es sind nicht die Dinge, die uns beunruhigen, sondern die Meinungen, die wir von den Dingen haben."* Dieser Satz stammt von dem römischen Philosophen Epiktet. Wenn das so ist, ist es grundverkehrt zu meinen, man könne seinem Stress entgehen, indem man mehr in kürzerer Zeit schafft.

Meine These ist daher: Wer weiß, wozu er sich all das täglich antut, wer es schafft, dies in der für ihn bestorganisierten Art zu tun und wer seine Stärken kennt und nutzt, der wird wenig Stress empfinden.

Gleichwohl gibt es für die meisten von uns Situationen oder Zeiten, in denen es einfach brennt. Dann für sich selbst in guter Weise zu sorgen, ist sehr wichtig. Meiner Erfahrung nach hilft es, wenn wir zunächst die körperlichen Prozesse verstehen, die bei Stress ablaufen. Man fühlt sich dann nicht mehr so überrascht und ohnmächtig ausgeliefert. Außerdem verstehen Sie dann auch viel leichter, wie und warum die Entspannungstechniken wirken, die ich Ihnen vorstellen möchte.

7.1 Die Stressreaktion

Unsere Sinne nehmen permanent eine unglaubliche Vielzahl an Informationen aus der Umwelt auf und schicken sie ans Gehirn, wo sie von den entsprechenden Bereichen verarbeitet wird. Damit unser Großhirn nicht mit Signalen geflutet wird, sortiert ein bestimmter Bereich im Gehirn – der so genannte Thalamus – großzügig aus. Alles, was nach Gefahr riecht, schickt der Thalamus gleich auf zwei Reisen.

Erstens zum Mandelkern als Teil des limbischen Systems, das in besonderem Maße für unser Gefühlsleben verantwortlich ist. Dort wird unser Körper sofort durch großzügige Gabe von Stresshormonen in Alarmbereitschaft versetzt. So sind wir in der Lage, unmittelbar auf eine Gefahr zu reagieren. Das funktioniert mehr oder weniger „relfexhaft spontan" nach dem Prinzip „Vorsorge ist besser als Nachsorge". Wenn wir im Wald etwas langes Gewundenes auf dem Boden sehen, ist es besser, sofort zu reagieren. Auch wenn sich in neun von zehn Fällen das Etwas als Stock entpuppt und doch nicht als Schlange. Gleichzeitig schickt der Thalamus die Information weiter zur Großhirnrinde, wo sie mit bestehenden Erfahrungen abgeglichen wird. Stuft das Großhirn die Situation als unbedenklich ein, wird die Alarmbereitschaft zurückgenommen, der Körper entspannt sich. Besteht aus Sicht des Großhirns aber tatsächlich Gefahr, geht es lustig weiter mit der Adrenalin-, Noradrenalin- und Cortisolproduktion. Dummerweise limitiert dies dann unsere Handlungsoptionen. Es geht dann nämlich nur noch um Kämpfen oder Rennen – allenfalls noch um Totstellen.

Die körperlichen Symptome von akutem Stress kennt jeder, der einmal eine Rede vor einer Gruppe halten musste: Der Atem beschleunigt sich, um dem Körper mehr Sauerstoff zur Verfügung stellen zu können. Die Herzfrequenz steigt, damit über das Blut mehr Sauerstoff in die Muskeln transportiert werden kann. Der Energieumsatz im Körper steigt, was zu einem Anstieg der Körpertemperatur führt – der Grund, warum uns der Schweiß auf der Stirn steht. Wir benötigen Energie in Armen und Beinen zum Kämpfen und Rennen. Deshalb kribbelt es im Bauch – die Durchblutung ist woanders wichtiger.

Aber wozu das alles eigentlich? Nun, hier handelt es sich um ein Programm, das wir von unseren steinzeitlichen Vorfahren geerbt haben. Damals waren die Lebensumstände andere und die genannten Reaktionen überlebenswichtig. Ein Mammut konnte je nach Situation eine ernst zu nehmende Gefahr für Leib und Leben oder aber die Versorgung der gesamten Sippe für viele Wochen bedeuten. Kämpfen oder Rennen? Die Gefahren, mit denen wir es in unserer zivilisierten Welt zu tun haben, sind weit weniger existenzbedrohend. Das Stressprogramm funktioniert aber weiterhin genauso gut wie vor vier Millionen Jahren. Sobald unser Gehirn Gefahr wittert, läuft das volle Programm ab. Ganz gleich, ob Sie vor einer Präsentation Lampenfieber verspüren, in Sorge um Ihren Arbeitsplatz sind oder Angst haben, ein wichtiges Projekt nicht fristgerecht zu beenden. Das ist heute ein bisschen wie mit Kanonen auf Tauben zu schießen.

Schlimm ist auch, dass wir neben dem Gefahrenreiz gleichfalls die Stresssymptome wahrnehmen, was dazu führt, dass sich die Reaktion verstärkt, nach dem Motto „Hilfe mein Herz rast, da muss wohl Gefahr bestehen". Man könnte also sagen, wir haben bisweilen Angst vor der Angst.

Glücklicherweise hat die Natur auch einige Notausgänge in den Tunnel der Stressreaktion eingebaut. Wie Sie diese finden, werde ich im Folgenden beschreiben.

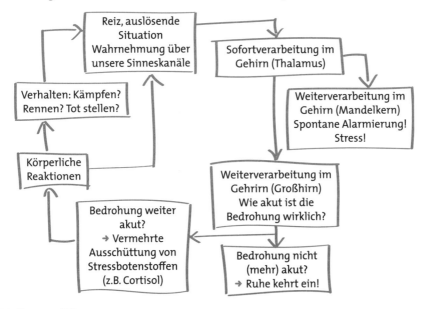

Die Stressreaktion

Exkurs 13: Risiken bei Dauerstress

Stellvertretend für viele psychische und psychosomatische Folgen von dauerhaftem oder extremem Stress möchte ich einen Zusammenhang kurz erläutern. Bei Dauerbelastung sinkt die Konzentration wichtiger körpereigener Stimmungsaufheller (Serotonin und Noradrenalin).

Die Folge: Wir fühlen uns noch stärker belastet. Das wiederum erzeugt mehr Stress, bei dem zusätzlich Cortisol ausgeschüttet wird. Cortisol hemmt aber die Serotonin- und Noradrenalin-Produktion, denn je mehr Cortisol im Umlauf ist, desto mehr bezieht der Körper seine Energie nicht nur aus Fett und Kohlenhydraten, sondern zusätzlich aus Eiweiß. Damit werden wertvolle Aminosäuren in Energie verwandelt und stehen dem Gehirn nicht zur Produktion von Serotonin und Co. zur Verfügung. Ein Teufelskreis, der zu Burn-out oder Depression führen kann.

7.2 Entspannungstipps

Gedankliche Verarbeitung

Auch auf die Gefahr hin, mich zu wiederholen: Die Energie folgt der Aufmerksamkeit. Es ist leicht nachzuvollziehen, dass sorgenvolles Grübeln in die emotionale Sackgasse führt. Statt sich in Problemen zu suhlen – Katastropheninhalation zu betreiben – empfehle ich eher, eine sachliche Bilanz zu ziehen. Die folgende kurze Übung wird Ihnen dabei helfen.

→ **Übung 14: Meine persönliche Stresssituation**

→ *Bitte vervollständigen Sie für sich den folgenden Satz:*
„Ich gerate in Stress, wenn ..."

→ *Welche äußeren Reize/Situationen lösen bei Ihnen Stress aus?*

→ *Was sind Ihre „roten Knöpfe"? Was kann jemand anderes tun oder sagen, um bei Ihnen Stress auszulösen oder zu verstärken?*

→ *Bitte vervollständigen Sie für sich den folgenden Satz:*
„Ich setze mich selbst unter Druck, indem ich ..."

→ *Murmeln Sie einmal leise für sich die folgenden Sätze und spüren Sie, wie Sie darauf reagieren:*

– *„Ich darf aus der Rolle fallen."*

– *„Natürlich darf ich ‚Nein' sagen."*

> – *„Ich darf noch mehr Fehler machen."*
> – *„Was ich beginne, muss ich nicht zu Ende führen."*
> – *„Ich darf mir Zeit für mich nehmen."*
> – *„Ich darf mich entscheiden – dafür oder dagegen."*
> – *„Wenn mich jemand nicht mag, ist mir das egal."*
> – *„Ich darf andere um Hilfe bitten."*
> – *„Ich darf zeigen, wer ich bin und was ich draufhab."*
> – *„Ich darf auch mal emotional reagieren."*
>
> *Sollte schon die bloße Vorstellung bei einem Satz Stress auslösen, gewinnen Sie eine wertvolle Information über sich selbst.*
>
> → *Bitte vervollständigen Sie für sich den folgenden Satz:*
> *„Wenn ich im Stress bin, spüre ich das an ..."*
>
> → *Welche körperlichen und psychischen Reaktionen nehmen Sie im Besonderen bei sich wahr?*

Atementspannung

Unser Atem hält einen ganz wichtigen Schlüssel zur Entspannung bereit. Schon mit einfachen Mitteln – mit ein wenig Übung sowieso – können Sie den akuten Stresspegel deutlich reduzieren. Nicht umsonst kennt jeder den guten Rat: *„Atme mal tief durch"*. Der Trick ist, den Atem, der im Stress beschleunigt und flach ist, bewusst zu kontrollieren und zu normalisieren. Wir machen uns dabei zu Nutze, dass unser Gehirn zwei völlig entgegenlaufende Reize nicht gut verarbeiten kann.

Stellen Sie sich vor, der Stress hat Sie voll erwischt. Körperlich erleben Sie genau die Reaktionen, die ich weiter oben beschrieben habe. Stellen Sie sich bitte jetzt die Verwunderung in Ihrem Körper vor, wenn Ihre Atmung – völlig unpassend zum Rest des Körpers – ganz normal und ruhig ist. Was dann passiert, nennt man „Gegenseitige Hemmung". Die Teile unseres Nervensystems, die für Erregung und Aktivierung verantwortlich sind, konkurrieren mit denen, die für Beruhigung zuständig sind. Das Ergebnis: Beide hemmen sich gegenseitig. Und so wird's gemacht:

• **Zählen Sie Ihren Atem**

Machen Sie es sich bequem. Sitzen Sie möglichst aufrecht und so, dass Ihr Bauch sich frei bewegen kann, während Sie atmen. Geben Sie sich selbst den Befehl: „Atme ruhig, Schultern runter". Atmen Sie ruhig ein und aus.

Beginnen Sie langsam und gleichmäßig zu zählen:
> → Einatmen: *„eins ... zwei ... drei ... vier ..."*
> → Ausatmen: *„eins ... zwei ... drei ... vier ..."*
> → Atempause: *„eins ... zwei ... drei ... vier ..."*

Beginnen Sie von vorne und fahren Sie fort, solange es guttut. Besonders entspannend wird oft die Atempause wahrgenommen – die Phase nach dem Ausatmen, wenn Ihr Atem unten etwas verharrt, bevor der natürliche Atemreflex wieder einsetzt.

- Scheitel/ein – Bauch/aus

Eine ganz einfache Technik, die wirklich ganz wunderbar funktioniert, geht so: Konzentrieren Sie sich beim Einatmen auf den höchsten Punkt Ihres Kopfes. Und beim Ausatmen auf Ihren Bauch.

Lenken Sie Ihre Aufmerksamkeit

Bei der Konzentration auf die Atmung geht es nicht nur darum, dem Körper zwei sich gegenseitig hemmende Signale zu geben. Wenn Sie sich während des Atmens auf das Zählen oder auf bestimmte Körperteile konzentrieren, lenken Sie Ihre Aufmerksamkeit von stressverstärkenden Gedanken fort. Dieses Prinzip können Sie gerade in Akutsituationen gezielt nutzen.

- ABC rückwärts

Diese Übung ist ein toller „Grübel-Stopp": Sagen Sie einfach das Alphabet rückwärts auf. Vorwärts kann das jedes Schulkind im Schlaf. Da ist genügend geistige Kapazität für störende Gedanken frei. Rückwärts braucht es mehr Aufmerksamkeit. Alternativ können Sie auch die Primzahlenreihe oder das Einmaleins ab zwölf aufsagen.

- 5 – 4 – 3 – 2 – 1

Bei dieser Übung wechseln Sie zwischen Ihren Sinneskanälen und richten Ihre Aufmerksamkeit auf die Eindrücke in Ihrer Umgebung. Die drei Sinne, die uns die meisten Reize liefern, sind Augen, Ohren und der Tastsinn. Daher konzentrieren wir uns auf diese. Lassen Sie Ihren Blick schweifen. Sobald Ihnen etwas ins Auge fällt, verharren Sie gerade lange genug dabei, um laut sagen zu können: „Ich sehe ...". Dann fahren Sie fort, bis Sie fünf Dinge zusammenhaben.

> → Bei mir würde das jetzt z.B. so klingen: „Ich sehe einen roten Stift."; „Ich sehe eine blaue Unterschriftenmappe." (...)
> → Nun machen Sie weiter mit akustischen Eindrücken! „Ich höre ein Motorrad auf der Straße vorbeifahren."; „Ich höre meine Frau telefonieren." (...)
> → Und weiter mit dem Tastsinn. Was spüren Sie? „Ich spüre meine Fußsohlen fest auf dem Boden stehen." „Ich spüre ein leichtes Hungergefühl." (...)

Wenn Sie jeden Sinn fünf Mal abgerufen haben, spielen Sie die nächste Runde mit je vier Eindrücken. Dann mit drei, zwei und einem. Danach sollten Sie sich deutlich ruhiger fühlen.

Geht es Ihnen WELL?

Damit es uns überhaupt nur gut gehen kann, braucht unser Körper bestimmte physiologische Inputs. Wenn Sie anhaltend unter Stress leiden, prüfen Sie doch mal, ob die Grundversorgung sichergestellt ist.

→ W – asser: Unser Gehirn besteht zu 90 Prozent aus Wasser (Restkörper ca. 70 Prozent). Wenn unseren Körperzellen auch nur zehn Prozent weniger Flüssigkeit zur Verfügung steht, produzieren sie bis zu 30 Prozent weniger Energie. Wie viel Flüssigkeit sollte man also zu sich nehmen? Die oft zitierten zwei Liter pro Tag sind ein guter Anfang. Ein anderer Richtwert sagt ein Liter je 25 Kilogramm Körpergewicht.

→ E – ssen: Ein Kapitel über gesunde Ernährung würde wohl zu weit führen. Nur so viel: Eine ausgewogene Ernährung hat großen Einfluss auf unseren Energie- und Hormonhaushalt. Wer sich z.B. mittags den Bauch mit schwerer Kost vollschlägt, muss sich nicht wundern, wenn er sein Tagesleistungstief (vgl. Kap. 4.2) noch verstärkt. Nur wer genügend hochwertige Proteine und Vitamine zu sich nimmt, dessen Körper produziert genügend Rückenwindhormone wie Dopamin und Serotonin.

→ L – icht: Damit unser Körper den Stimmungsaufheller Serotonin aufbauen kann, braucht er Sonnenlicht. Das wird vor allem in den Wintermonaten deutlich, wenn Sonnenlicht knapp ist. Ohne Serotonin steigt unser Belastungsempfinden. Und ohne Licht produziert der Körper verstärkt Melatonin, das uns müde macht. Also raus in die Sonne!

→ L – uft: Wir brauchen Sauerstoff für die Energiebereitstellung. Ob Sie genug Sauerstoff bekommen, merken Sie meist erst, wenn Sie aus dem Raum, in dem Sie arbeiten, nach draußen treten. Wenn Sie dann mit einem Schlag neue Frische spüren, war es wahrscheinlich zu wenig. Aus diesem Grund empfiehlt es sich, regelmäßig zu lüften.

Bewegung und Sport

Bei Stress spannen sich unsere Muskeln an. Verspannungen, z.B. im Nackenbereich kennen die meisten. Angespannte Muskeln produzieren Milchsäure (Lactat). Die dabei entstehende Übersäuerung macht kurzfristig müde und langfristig krank, weil viele Krankheitserreger sich in einem sauren Milieu pudelwohl fühlen. Außerdem hat man nachgewiesen, dass Lactatinfusionen ohne ausgleichende körperliche Bewegung Angstzustände erzeugen können. Entspannungsübungen und Meditation helfen hingegen, den Lactatspiegel zu senken. Mit Sport und Bewegung in gesundem Maße wirken Sie dem ebenfalls entgegen und helfen zudem, Stresshormone abzubauen.

Übrigens haben unsere Muskeln die Wahl, ob sie Fett oder Zucker zur Energiegewinnung nutzen. Unser Gehirn kann hingegen ausschließlich auf Kohlenhydrate, sprich Zucker zurückgreifen. Wer sich zu wenig bewegt, dessen Muskeln verbrennen nur noch Zucker, für das Gehirn bleibt dann oft zu wenig übrig.

Aber welchen Sport wählen Sie? Zunächst einmal muss es gar nicht unbedingt Sport sein. Erwiesenermaßen bringt es schon sehr viel, sich einfach mehr zu bewegen. Beispielsweise indem Sie zur Arbeit radeln bzw. zu Fuß gehen. „Fit in 15" bedeutet, schon mit fünfzehn Minuten Aktivität pro Tag verbessern Sie Ihre Fitness um ein Vielfaches. Gerade bei Bürotätigkeiten haben Sie sitzend kaum eine Chance, Stresshormone durch Bewegung abzubauen. Treppen steigen statt Fahrstuhl fahren kann schon helfen.

Wollen Sie trotzdem zusätzlich einen Sport betreiben, so empfehle ich Ihnen, sich vorher folgende drei Fragen zu stellen:
→ Welcher Sport würde Ihr körperliches Wohlbefinden am ehesten steigern? Wünschen Sie sich mehr Ausdauer, mehr Kräftigung, mehr Beweglichkeit?
→ Wie macht Sport Ihnen am meisten Spaß?
  - Drinnen oder draußen?
  - Allein oder mit anderen?
  - Als Einzel- oder Teamsport?
  - Mit Wettkampfcharakter oder just for fun?
  - Wollen Sie an körperliche oder geistige Grenzen gehen oder lieber auf geringem Belastungsniveau trainieren?
→ Wie können Sie sich Ihren Sport organisieren?
  - Welchen Zeitumfang können Sie pro Woche locker sicherstellen (inkl. Anfahrt, Vorbereitung etc.)?
  - Kommen fixe Termine (z.B. Mannschaftstraining Montag und Mittwoch) infrage?
  - Oder brauchen Sie große (z.B. Fitnessstudio) oder größte (z.B. Laufen) Flexibilität?
  - Können Kinder mitgenommen oder müssen sie anders untergebracht werden?

Musik

Musik kann beruhigen. Nicht jede Musik und nicht jede Musik für jeden gleichermaßen. Es soll auch Menschen geben, die von sich behaupten, bei Techno oder Heavy Metal entspannen zu können. Das liegt vermutlich daran, dass unser Gehirn entscheidet, ob wir die Musik mögen oder nicht. Mögen wir die Musik nicht, so sinkt die Konzentration von Serotonin in unserem Blut. Mögen wir die Musik, steigt der Dopaminspiegel als Belohnung – auch bei Techno.

Entspannende Musik erfüllt am ehesten folgende Kriterien: Sie sollte harmonisch und melodiebetont sein, mit wenigen Akzenten und Überraschungseffekten und einem geringen Tonhöhenumfang. Der Takt sollte dem des menschlichen Ruhepulses von ca. sechzig Schlägen pro Minute nahekommen. Besonders Instrumentalstücke wirken entspannend. Bei Stücken mit Gesang werden immer bestimmte Gehirnregionen mit aktiviert, die wir im Zustand der Entspannung gar nicht benötigen.

Übrigens: Erwiesenermaßen entspannend ist es, Musik selbst zu machen.

Meditation, Yoga, autogenes Training & Co.

Die Palette an möglichen Entspannungsverfahren ist so reichhaltig, dass eigentlich für jeden etwas dabei sein müsste. Es liegt also an Ihnen, eines zu finden, das zu Ihnen passt. Ich kann Ihnen an dieser Stelle nur einen kurzen Überblick über vier recht bekannte Verfahren geben. Alle diese Verfahren erlernen Sie am besten unter fachkundiger Anleitung. Und alle diese Verfahren benötigen Übung, damit Ihnen ihre Wirkung auch in akuten Stresssituationen zur Verfügung steht.

→ **Autogenes Training:** Sie lernen, Ihrem Körper bestimmte Zustände zu befehlen. Dabei geht es z.B. um das Empfinden von Wärme und Schwere in den Gliedmaßen, mit dem sich ein wirklich angenehmer Zustand erreichen lässt.

→ **Muskelentspannung nach Jacobson:** Diese Entspannungsmethode arbeitet mit dem Wechsel von Anspannung und Entspannung der Muskeln. Nacheinander spannen Sie bestimmte Muskelpartien Ihres Körpers an und lassen die Spannung wieder fallen. Es stellt sich ein angenehmer Zustand der Entspannung ein, dem Sie nachspüren können.

Probieren Sie einmal eine einfache Übung aus: Machen Sie es sich auf einem Stuhl bequem, sitzen Sie möglichst aufrecht und legen Sie Ihre Arme locker auf Ihren Oberschenkeln ab. Jetzt ballen Sie Ihre Hände zu Fäusten, und spannen die Muskeln Ihrer Arme an. Zählen Sie langsam von eins bis fünf, dann lassen Sie die Spannung los. Genießen Sie das Gefühl der Entspannung für etwa zehn Sekunden.

→ **Yoga:** Beim Yoga geht es darum, Körper, Geist und Seele in Einklang zu bringen. In unserer westlichen Anpassung dieser alten indischen Tradition werden Asanas (körperliche Übungen), Phasen der Tiefenentspannung, Atemübungen sowie Meditationsübungen verbunden. Die Konzentration auf die Atmung macht Yoga für Entspannung besonders wertvoll.

→ **Meditation:** Meditative Verfahren wie z.B. Yoga, Zen, Atementspannung oder christliche Gebetspraktiken gibt es viele. Vielen ist gemein, dass die Aufmerksamkeit auf das Hier und Jetzt gelenkt wird. Störende Gedanken werden nicht ausgeschlossen, sondern distanziert beobachtet und losgelassen. Entspannung ist zumeist nicht das Ziel, sondern eine Nebenwirkung. Sie erreichen sie, wenn Sie den Einfluss bremsen, den Grübeleien über Vergangenheit und Zukunft haben.

Ein letzter Tipp

„Wenn du es eilig hast, gehe langsam!" Wer kennt den Spruch nicht. Und das Spannende ist, das funktioniert nicht nur im übertragenen Sinne. Jeder Mensch hat seinen eigenen natürlichen Schrittrhythmus und wenn Sie in Eile sind, hasten Sie vielleicht.

Wenn Sie das nächste Mal merken, dass Sie sehr in Eile sind, können Sie dem inneren Antrieb nachgeben oder Sie können einmal ausprobieren, was geschieht, wenn Sie bewusst langsam gehen – spürbar langsamer, als Ihr eigentlicher Schrittrhythmus es verlangt. Beobachten Sie, was Ihnen alles auffällt, während Sie „schlendern". Ich stelle immer wieder fest, wie gut es mir tut, selbst zu bestimmen, wie schnell ich unterwegs bin. Ich fühle mich dann weit weniger getrieben und mehr bei mir selbst.

Zum Autor

Alexander Pauly ist seit vielen Jahren mit Herzblut Trainer und Coach. Er studierte Erziehungswissenschaft sowie Arbeits- und Organisationspsychologie, schloss ein wirtschaftswissenschaftliches Aufbaustudium ab und absolvierte eine Moderations- und eine Coaching-Ausbildung.

Heute ist Alexander Pauly Teil von trainsform, einem Institut, das sich auf Change Management, Management-Training und Coaching spezialisiert hat (www.trainsform.de). Zu seinen Kunden zählen Konzerne und renommierte mittelständische Unternehmen ebenso wie Privalpersonen.

Zum Thema Zeit- und Selbstmanagement hat er in den vergangenen Jahren seinen ganz eigenen Ansatz entwickelt. Dieser ist individuell und berücksichtigt die unterschiedlichen Rahmenbedingungen der Arbeit.

„Meine eigene Situation – beruflich und privat – führt mich immer wieder in Situationen, in denen ich an Grenzen stoße. Ich bin viel unterwegs, Kunden stellen permanent Anforderungen an mich und meist sind ein Dutzend Projekte gleichzeitig im Auge zu halten. Und ich will für meine Familie da sein. Das schaffe ich nur, indem ich mich an meine eigenen Ratschläge halte. Das, was ich in meinem Buch beschreibe, tue ich selbst – weil es funktioniert und mir hilft."

Unter www.teams-erfolgreich-fuehren.de führt Alexander Pauly einen persönlichen Internetauftritt und Blog zu den Themen Führung, Teamentwicklung und Motivation.

„Auf meiner Seite veröffentliche ich kurze, pointierte Artikel zu meinen Themen. Ich versuche, meine Leser auf unterhaltsame Art neugierig zu machen. Die Infos sind für jeden frei zugänglich und ich freue mich über Feedback."

Zu seinen Trainingsthemen veröffentlicht er außerdem regelmäßig Artikel in Fachzeitschriften und als Redner bietet er seinen Zuhörern eine Mischung aus fundierter Information und Unterhaltung.

Stichwortverzeichnis

Interessante Bücher zum Thema

Albers, Markus: Morgen komm ich später rein: Für mehr Freiheit in der Festanstellung. Campus Verlag 2008
Über die Möglichkeiten, auch im Angestelltenverhältnis räumlich und zeitlich unabhängig oder flexibel arbeiten zu können.

Geißler, Karlheinz: Die Produktivität unproduktiver Zeitformen. In: Backhaus, Klaus; Bonus, Holger: Die Beschleunigungsfalle oder der Triumph der Schildkröte. Schäffer-Poeschel 1998
Über den Irrsinn des Zeit-sparen-Wollens.

Gladwell, Malcolm: Blink! Die Macht des Moments. Campus Verlag 2005
Viele interessante Informationen über die Art, wie wir Entscheidungen treffen und Urteile fällen.

Kabat-Zinn, Jon: Gesund durch Meditation. Fischer Taschenbucgverlag, 2006
Ein Praxisbuch über Achtsamkeitsmeditation; wissenschaftlich, nicht esoterisch.

Kopp-Wichmann, Roland: Ich kann auch anders: Psychofallen im Beruf erkennen. Kreuz Verlag 2010
Nützliche Ansätze, wie Sie schlechte Angewohnheiten bei sich bearbeiten.

Meier, Daniel; Szabó, Peter: Coaching – erfrischend einfach. Books on Demand 2008
Das beste mir bekannte Buch zum lösungsorientierten Kurz(zeit)-Coaching.

Nussbaum, Cordula: Organisieren Sie noch oder leben Sie schon? Zeitmanagement für kreative Chaoten. Campus Verlag 2008
Ein Buch zur Vertiefung für alle, die eher flexibel-intuitiv unterwegs sind.

Passig, Kathrin; Lobo, Sascha: Dinge geregelt kriegen – ohne einen Funken Selbstdisziplin. Rowohlt 2010
Ein Buch gegen die Aufschieberitis, mit erfrischend unkonventionellen Tipps.

Reiss, Steven: Das Reiss Profile: Die 16 Lebensmotive. Welche Werte und Bedürfnisse unserem Verhalten zugrunde liegen. Gabal 2009
Für alle, die mehr über die Macht der persönlichen Motive wissen wollen.

Roth, Gerhard: Persönlichkeit, Entscheidung und Verhalten: Warum es so schwierig ist, sich und andere zu ändern. Klett-Cotta 2008
Relativ schwere Kost von einem Neurobiologen, aber auch ein interessanter Einblick in die Zusammenhänge von Lernen und Verhalten aus Sicht der Gehirnforschung.

Schulz von Thun, Friedemann: Miteinander reden 2. Stile, Werte und Persönlichkeitsentwicklung. Rowohlt 1989.
Hier finden Sie anschauliche Informationen über Persönlichkeit und Kommunikationsstile.

von Hirschhausen, Eckart: Glück kommt selten allein … Rowohlt 2009
Von Hirschhausen schreibt anschaulich und mit großem Humor über das wichtigste im Leben – Glück!